推薦序

前立法委員、民國黨主席　徐欣瑩博士

阿寶要出書了！說起阿寶寫文章，是一個特別勵志的故事。阿寶是一位科技專業人士，在台電工作。要講到電，他懂得很多，但講到寫文章，他就像小學生，完全是從頭學起。如今竟然要出書了，的確可以說明一句話：有志者事竟成！

在自媒體蓬勃發展的今天，網路上有各種媒體形態，甚至部落格也發展進化到各式直播。不過，像阿寶這樣的部落客仍顯得獨樹一幟，與眾不同。他的部落格名為「阿寶愛心外賣」，強調的是愛心。「愛」不難懂，看韓劇的流行就知道了，但阿寶的愛心似乎不是那麼簡單。

阿寶是我過去擔任祕書長的世界領袖教育基金會成員，領袖會以培育青年領袖為目標，我們有一句格言叫「雄心創造天下，佛心治理天下」，阿寶正是以這種精神在寫他的部落格。因此，他的評論文章沒有煙硝氣，而有英雄氣；主題未必熱門花俏，卻一定言之有物。

我發現，在藍綠惡鬥的台灣政治環境中，選邊站很容易，不媚不諂、堅持以民眾利益優先的理性中道者，一路走來總是步步艱辛。在網路世界中，有人因為一個大膽脫序的發言舉動，一夕聲名暴漲成為「網紅」；部分作者隨便套上一個腥羶聳動的標題，就任憑疑惑擴大成為整個社會的大風暴。這個世代，堅持冷眼直觀、客觀理性的作者，和不藍不綠的政治人物一樣稀少。阿寶是一個這樣執著於信念的人，真心誠意地把美好社會的祈願，當成一生志業來經營。

他觀察當前我們社會的各種不合理、不公平的現象，呼籲政府與社會大眾一起來關心。比如現在新興毒品氾濫，我們已然發現社會事件的發生與犯罪者持有毒品的比例呈現正相關。毒品，就像是百年前讓中國國力衰頹至無可救藥的鴉片，消磨國民的心智、危害民眾的健康，無數吸食毒品的人墮入犯罪輪迴中無法自拔；毒品之後，就有犯罪產生，治安不安，社會開始陷入恐慌與混亂。滅國的戰爭不需要再由國外船堅砲利攻打過來，只要毒品燎原，就可以讓一國人民身體衰耗、心志沉淪到整體無可挽救的境地。這幾年來，民國黨注意到毒品氾濫的現象，各種毒品犯罪令人怵目驚心。我們一直持續地從立法規範、社會服務等方面，努力挽救受毒品毒害的人們。看了阿寶書中數篇有關於毒品犯罪議題、婚姻平權問題、以及美豬開放對台灣農民生計影響等討論之後，我個人心中頗有所感，也樂見有這樣一位懷抱社會責任的文字作者，願意與大眾分享他的觀點。

阿寶對台灣社會的觀察與關懷層面十分廣泛，除了上述有關民生問題，對於社會喧騰已久的年金改革、核電何去何從等議題也有所關注。當前台灣主政者對兩岸議題一再迴避，避而不談的結果，肯亞將台灣詐欺犯遣送中國事件、南海仲裁案、加上近來的李明哲共諜案，都一而再、再而三地讓台灣處境尷尬又難堪。這是當前台灣國際政治的困境，也是兩岸政治僵局中無解的習題。

《阿寶愛心獨賣——拾年佰篇仟字精選輯》是一本提供大眾正向思考、理性分析社會政治現象的書。書中文章，不僅是值得我們討論再三的公共議題，也點出許多台灣亟待突破的盲點與焦慮。個人有幸在本書出版之前，先得拜讀《阿寶愛心獨賣——拾年佰篇仟字精選輯》

的機會，深夜讀來，多所感嘆，身為台灣人，不可不替台灣的前途與未來深思。

翻開書，讓我們一起被《阿寶愛心獨賣——拾年佰篇仟字精選輯》感動吧！

徐欣瑩

民國一〇六年九月十四日

推薦序

民國黨資訊長、麻省理工學院旅居科學家　吳旭智博士

知道阿寶要出書之後，除了驚訝，更多的感受是敬佩。

我從大學時期就認識阿寶了。這麼多年來，有一樣特質他從來沒變過——「堅持」。認識阿寶的人都知道，他有一股拼勁。一件事情，當你跟他有不一樣看法的時候，你會覺得他很「堅持」！明明已經趨於弱勢了，但他不會馬上放棄，他會靜靜地吸收了解，然後，回去再自我充實。過了幾天後再跟他談，你會發現他又有新的看法與論述，來支持他的論點了。做事情也一樣，任何他想做的事情，不管是他原本熟悉或不熟悉的事情，他一定堅持到最後。「堅持」這件事情，如果只是針對一兩樣事情，那是人之

常情；但是，如果每件認為對的事情，都可以這樣堅持的人，我認識的沒有幾位。這是我敬佩阿寶的第一個地方。

不知道從什麼時候起，阿寶開始寫文章。起初沒有太多人注意，有人說他文句不太通暢，也有人說他邏輯不太對。然而，阿寶的堅持，就是每週至少要寫五篇一千字以上的文章！這麼多年下來，從一位初出茅蘆的部落客，變成一位網路觀察家，甚至可以開始指導別人寫文章，到最後被發掘出書。阿寶的文章，不只是一篇篇打動人心的智慧或心情，更展現了一種模範：只要有心，只要堅持，一定能走出一條屬於自己的獨特風格。

在網路上，已經有太多太多的文章、太多太多的部落客了，有差阿寶這一號人物嗎？細看阿寶的文章，他的文字中，流露許多對人、事、物的關懷。那種關懷，不是要譁眾取寵，取得鎂光燈焦點，而是真實流露，就像阿寶平常所堅持的擇善固執、多年來不變的心意一樣。就像一位他的長輩對他的看法：「愛好和平的外星人來投胎的」。不同於俗世常見的價值與論點，很單純地不為自己利益發聲，在這個充滿對立、不滿的氛圍中，他的聲音更見可貴！堅持讓這樣的聲音能被更多人看到，讓這本書順利出版，是我對阿寶敬佩的第二個地方。

這本書，是阿寶十年的精華。就我所了解，阿寶在整理這些內容時，也用了非常多的心思，阿寶結合他自己本身的專業、觀察，給予了我們不一樣的觀察。他的觀察包含了媒體、政治、科學、心靈、生活、藝術，不管哪一個面向，都可以回歸到一的很重要的本質：「愛心」。從四個面向：愛心之本質、愛心之雙翼、愛心之務實、愛心之泉源來整理他十年來的文章，讀起來目標高遠卻不飄渺，做法務實卻不落於俗套。「愛心」這耳熟能詳，甚至已經老生常談的概念，在本書中呈現了一個符合這個世代的詮釋。

現代人不喜歡長篇大論，而且，時間都有限。我想，特別適合讀這本書。隨手一翻，或許，一篇文章，就能夠帶來一個心情的轉換，或者補給些許繼續奮鬥的動力。除此之外，擇善固執的阿寶，也值得您的鼓勵，讓這社會充滿更多正面的聲音與務實的做法，也值得您的推薦。我想，愛心不只是要獨賣，更應該大賣！

推薦序

行政院教育部生命教育講師、中央大學生醫系　蘇立仁副教授

我認識阿寶已有幾年的時間，得知他要出書很替他高興，當第一時間邀請我為他的第一本書寫序時就欣然答應。最早知道他的人，是我剛進中央大學任教的時候，記得他的背景應是研究物理，通常我對於這門基礎學科出身的人都是敬畏二分，原因是他們的觀察力與大腦思考的邏輯性相當強，能在所觀察的現象中找到細微的差異。阿寶在中央大學唸書時，我個人對他的認知印象深刻，也隨著認識越久就越欣賞他的學習精神及處事態度。

在生活及待人處事方面，他更是一位心思細膩的男人。阿寶給人的感覺是行為舉止溫文有禮、敦

厚誠懇、有修養、有品德、有理想、有抱負。他不畏逆境認真執著地面對困難，努力尋求解決之道，但在此同時仍保有一份開朗的赤子之心，這是阿寶特別令我欣賞的地方。我常覺得一位良好的工作伙伴，除學識能力佳之外，個性好也十分重要。阿寶真的有許多值得推薦的個人特質，如他對年輕學弟妹的關懷，與他人相處融洽和諧、熱心助人、處處替別人設身處地著想的胸襟，積極求新的態度，溫和隨緣的人生觀。使得每位相處過的朋友都十分敬愛他。遇到問題也先找他討論，而他也總是不厭其煩地與他們討論及尋求解決問題的方法。

這本新書是他過去十年的時間默默撰寫在他自己部落格的文章，分門別類整理集結成冊。內容自二〇〇七年開始一直到二〇一七年，這十年來阿寶在文章內容之遣辭用句不但經過了時間的歷練更加成熟，文章的風格也趨於多樣化。雖然書中談到很多不同事物的面相卻也不失其深度，由此，在他身上見到不單只是從一位男孩蛻變成一位男人的過程，更是心靈智慧的顯現。我相信這樣的轉變，必是因教育他的靈性禪修宗師與時時謹守奉行教誨所養成。

近年來治安敗壞與道德淪喪，使得現代人的精神壓力與身體病痛越發頻繁，尤其毒品的氾濫層出不窮。阿寶談到毒品相關的議題很是發人深省。最近，在中央大學我帶領研究團隊開始著手「科技反毒」與學生反毒志工的培訓，在此過程感受到毒品合成設計方法日新月異，取得途徑也更加方便，然而法規訂定卻不符現在的需求。所以根本戒毒之道要以解除心理與精神層次的「癮」為第一優先，染毒用毒的人需要我們給予更多關愛與支持，積極輔導與照顧，協助他們重返社會。

心靈勵志與宗教世界觀，是我很推薦讀者細細品味的部分。現在的俗事與世事的紛擾，每個人都忙忙碌碌地過人間生活，身心疲憊之餘也無暇觀照自身靈性的清淨，也幾乎忘卻人來到人世間真正的使命與目的。曾幾何時，當我們願意停下來尋找本有的真面目時，卻不知要如何去選擇真正的光明智慧。阿寶雖只用了不是太多的篇幅探討與詮釋，卻也約略勾勒出靈性清淨的重要性，不需外求，反自內尋。更重要的是，需一位有證量的明師引領，而非追尋名師。

想起我們世界領袖教育基金會榮譽會長、也是禪宗第八十五代宗師——悟覺妙天禪師，曾經勉勵我們的董事與全國大專院校學子的一句話：「雄心創造天下，佛心治理天下。」想成為一個具有領導統御能力的領導者，更需要的是心中要帶著宗教家的慈悲心與柔軟心，如此一來，工商企業家自然取財有道，公務員操守會清廉，政治家才不會淪為政客，社會自然安定，國家才會富足，世界自然和平。若以此角度來看阿寶的這本書，您會發現：「處處有禪機」。

序

阿寶愛心獨賣部落，撰文了「拾」年的時間，每篇都是「仟」字短篇文章，這次要選出「佰」篇的精華，成為阿寶的這首本書：《阿寶愛心獨賣——拾年佰篇仟字精選輯》。

會有出書這樣的想法，是因為二〇一七年六月二十一日參加一位中大學妹曹雅涵的分享會，學妹隻身到廣州，用設計思維推廣一個「為老共創」社會設計行動，真的很令人感動。千里之行始於足下，我從二〇〇七年開始寫部落文章，二〇一六年四月開始投書，二〇一七年的現在，該是有自己的書出爐的時候了。

「拾年」撰文「佰篇」精選「仟字」短篇

阿寶從二〇〇七年暑假開始，就在無名小站開了專屬於自己的部落格，常常朋友們想寫文章不知道怎麼開始，我就會跟他們推薦閱讀我那時候的文章，重點就是「當下開始！」

過了幾個月的時間，因為無名關站，我轉移到新浪部落「阿寶——愛心，也可以成為獨賣」。「那時許多朋友問我，你的部落在賣什麼？我總是玩笑地回答他們，「賣愛心呀！你要不要來一顆。」二〇一五年六月，我再次轉移到目前的 blogspot 部落「阿寶愛心外賣」。

這拾年的投入，有著很充實與艱辛的過程，但收穫最多的還是自己。

在經營新浪部落的那段時間，大部分我都按需求週一到五分成五個類別：投資自己／走在科學／生活心情／網路行銷／影音藝術，裡面還有子分類，除了六、日，每天一篇，每日仟字。

這本《阿寶愛心獨賣——拾年佰篇仟字精選輯》把我之前在部落格或投稿的文章挑出一佰篇來，雖然我每篇都會稍作整理，但盡可能保留當時的原汁原味，呈現給讀者。

過去的自己，成為激勵自己的動力！

現在整理的過程，看到自己過去拾年的努力與變化，從青澀、熱情，到現在的理想、務實，看著自己之前寫的文章，也會受到激勵與帶動呢！

也是因為看了之前多元的文章，認知到自己目前的部落格有再次調整的空間，這拾年每一步對自己來說都很重要，成為自己今日的要素。我也會在每篇文章的標題旁，標註當時文章的日期與網路位置，好讓大家可以找到原文。

這本書，便是今日的我牽著過去的我，讓世人一起認識「阿寶愛心獨賣」。

舊部落

新部落

---

i〔舊部落〕阿寶——愛心，也可以成為獨賣 http://blog.sina.com.tw/babywey/

ii〔新部落〕「阿寶愛心」外賣 https://babywey.blogspot.tw/

目錄

愛心的本質　生活與藝術

智慧生活

藝術與領悟

採訪特集

愛心的雙翼　媒體與團隊

新聞、媒體與愛心

時事網路觀察

談組織與世界和平

愛心的務實　社會與政治

三民主義與國家發展

毒品議題

能源議題

兩岸與國際局勢

愛心的泉源　心靈與勵志

勵志小品

心靈世界初探

世界宗教

前言

一個朋友提出了《阿寶愛心獨賣——拾年佰篇仟字精選輯》「對我（使用者／讀者）來說，買你這本書可以得到什麼好處？我可以從書中得到什麼？」這是很實際的問題。

「愛心」是個很精神層面、也是很內在的課題，每個人的解讀亦不相同，既然阿寶愛心獨賣是在講愛心，就一定有獨到的見解與方法，才可能讓讀者有所收穫。我且就三個顛覆與三個好處來加以說明：顛覆成功價值觀追求昇華的成就、顛覆世界觀打破心中的成見枷鎖、顛覆靈性觀找到永生的出口，在我經營部落的過程，每篇文章都安排這些訊息在其中，與讀者交流。

一、顛覆成功價值觀：追求昇華的成就

阿寶愛心顛覆的第一個價值觀，就是習以為常的成功價值觀。一般人追求的成功價值，

就是賺大錢，可是卻難以追求一個人的愛心成就、道德成就。會有這樣的現象，最大的原因除了人賺錢的多寡直接影響物質生活舒適度，加上資訊的自由化後，人的習性不自覺地經匿名效應被渲染與擴大。

也因此，阿寶愛心在文章中提出「小黑黑」、「愛心新聞橋」等點子，一方面發想如何面對個人愛心障礙的方法，一方面分析資訊工具應該怎麼看待與改善。這樣的好處，便是讓讀者嘗試用內在愛心的角度來經營自己的事業與家庭。

二、顛覆世界觀：打破心中的成見枷鎖

阿寶愛心顛覆第二個價值觀，就是習以為常的世界觀。在資本權威當道的年代，誰掌握了媒體與網路的主導權，誰就可以主導眾人的想法，不自覺的資訊洗腦下，形成成見的枷鎖。

而在台灣講求民主與自由氛圍下，雖網路沒有限制，意識枷鎖卻使網友鮮少正面地看待不同政治背景、或相異角度的立場，嚴重的甚至造成全盤否定的對立衝突，如逢大陸就反，逢核能就反，深不知道為反而反、議題只能正反二選一效應造成的結果。

用愛心打破成見也是打破心中的枷鎖，體諒相異之處，我們將打開眼界，看到並學習別人的優點，也會看到不同的視野，看到更多的可能。

三、顛覆靈性觀：找到永生的出口

阿寶愛心顛覆第三個價值觀，就是習以為常的靈性觀。人無法真正了解死後的世界，除了幫親人往生後有個慎重肅穆的喪禮，或跟著一般民間的信仰祭祖、廟宇拜拜，再者或許有自己的宗教信仰。

心靈的真相只有一個，宗教所追求的最高層次也是同一個，就是光，只是人在不同的邏輯意識下，產生名詞表象不同的分別。用愛心才能打破宗教間的隔閡，找到深入永生的出口。這個好處，雖看起來比上兩個不易理解，但對我們而言卻是最重要的一個，只是常常因為感覺遙遠而被忽略了。

這本《阿寶愛心獨賣——拾年佰篇仟字精選輯》，希望可以在篇篇文章分享的過程中，跟讀者一起成長，讓愛心的影響持續發酵。

從本質開始，展翅而務實、不離泉源行

因應出書從讀者的角度，我重新把文章歸納成愛心的四個篇：本質、雙翼、務實、泉源。

1. 愛心之本質——生活與藝術：泛從家庭、好友、生活，感受與學習到的愛心本質，以及愛欣賞藝術的我，在不同的作品裡面得到的啟發。

2. 愛心之雙翼——媒體與團隊：愛心要得到真正的發揮，工具與方法都是必要的，這兩個如同愛心的雙翼。媒體便是愛心的傳播工具，包含傳統的報紙、電視，還有現在崛起的網路，剛好經營部落這十年的經驗，也觀察很多。團隊是愛心的必要方法，一個人要完成理想能力有限，一個團隊才有辦法真正地發揮。

3. 愛心之務實——社會與政治：當愛心要真正產生影響，進入社會與政治是必然過程，愛心與現實的衝擊，需要更超然的心才有辦法面對。尤其是資訊爆炸的今日，很多資訊三人成虎真假難辨，這個部分整理我許多對於政治與各方面社會議題的文章。

4. 愛心之泉源——心靈與勵志：我將愛心的泉源放在最後一篇，是因為這是要讓愛心開展出來最重要、最不能忽略的因素。心靈與勵志，讓內在的力量成為外在執行的重要來源《莊子・天下篇》曾提及「內聖外王」：內聖是內而成就聖賢之德；外王是外而推行仁政工道。未來的世界領袖，必是內聖外王的領袖。

也因為本書是我長期撰寫網路文章的集結，因此特別在目錄的地方，於每篇文章標題下面，加上原文的索引。您可以在我的新舊部落格與相關投稿網站上，「搭配文章的日期，找到未整理的網誌或投稿的原文。

這是一本用心打造的書，祝您閱讀愉快。

阿寶 二〇一七年七月 於台北

「投稿文的原文可以在這個網址得到連結：

https://babywey.blogspot.tw/2016/08/blog-post_21.html

預購讀者的鼓勵

（族繁不及備載）

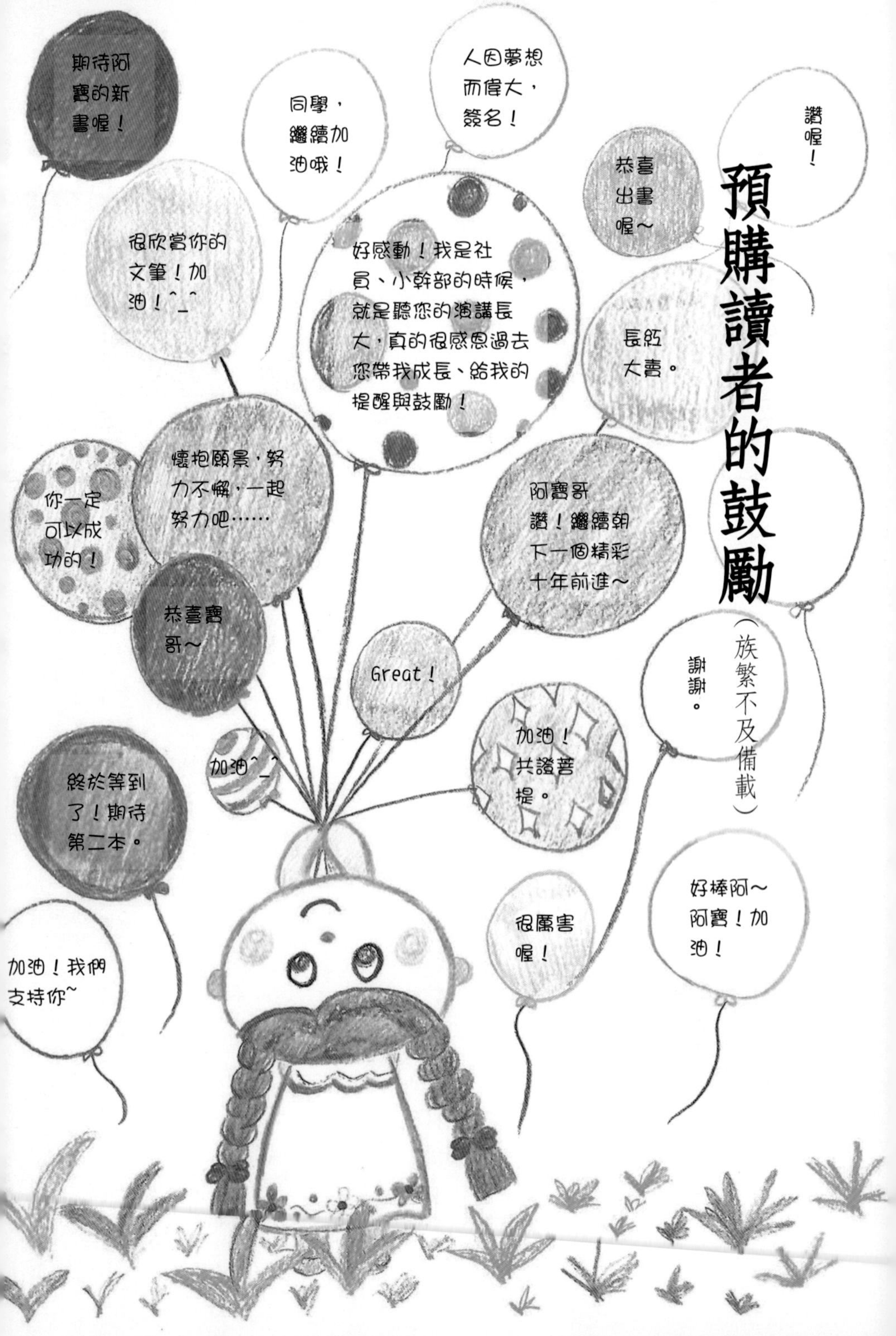

愛心的本質
生活　自在尊貴有禮義
藝術　領悟博愛創作輯

智慧生活

領悟生命的道理，
明瞭平凡的真諦，
懂得感恩所以謙卑，
生活周遭都是智慧的導師。

微自傳

「我是阿寶，出生於純樸的鄉下二水。」如果要自我介紹，我開頭都會這樣說。簡單地來看我自己，可以分就學、啟蒙、深化三個階段。學生時期跟其他同學一樣追求學業成績，大學受到啟蒙後開始知道貢獻自己，重點是當兵、工作、結婚後，要怎麼讓熱情與理想並進，才是深化的真工夫。追求理想，心智的準備很重要，我們都可以很平凡，但是卻都可以為這個世界做點努力。

我們都可以很平凡，但是卻都可以為這個世界做點努力。

大學以前，追求功課的生活！

在台灣這座寶島，出生後即受到爸媽的呵護，比起現在的年輕人動不動就講自由民主，卻不懂責任與法治，我慶幸自己出生於傳統的家庭，懂得學習倫理。爸爸是嚴父，小時候不乖就是在客廳罰跪，哥哥在我與父母衝突時引導我懂得孝順，雖曾叛逆但總是有人提醒自己。

一般七歲以前就會接觸學校，開始所謂的學生生活。依稀記得國小低年級時，我不這麼喜歡念書，早自習常跑去其他班級串門子，導致放學被留下來寫功課。一次數學考試，國小四年級的導師陳明芳老師給考滿分的同學們獎品，如此開啟了我對數理的興趣。高中雖然因總分不足沒在數理實驗班，但數學、物理成績卻常成為全校榜首，有次老師把我數學成績從八十改為七十，原因竟是因為及格人數太少，這讓我相當得意。我一路到大學，數學、物理都可以得心應手，也是因為這位老師的鼓勵。相對地，有背記性質的科目我則不擅長，甚至也考得不好，通常都是靠數理抬拉分數。

智者啟蒙，能力越大責任越大！

直到大學受到智者的啟蒙，方懂得自己受到社會的栽培，應該回饋給社會大眾，所謂能力越大責任越大，既然我數理好，理當把這樣的能力貢獻出來。於是我在班上開了幾堂急救班，幫跑活動的同學惡補功課。

藉由領袖會，我也學會怎麼去關心別人、照顧別人，成為別人可以依賴的夥伴。在活動中，我也開始學習關心社會議題、國家大事。領袖禪的訓練讓我發現，心智的準備與能力同樣地重要，能力越大越要能夠謙卑，這是千古不變的道理。

研究所時期，隨著當志工與帶團隊的磨練——一百場以上的校園演講與組織近兩百人的幹部辦活動，加上領袖會的格局培養，我從心裡誓願要成為一個世界級的演說家，這是一個重要的轉變。從這個時候開始，每當遇到挫折，似乎也不再覺得是挫折了，因為這些失敗都是成長的養分。雖人生有這些啟蒙與誓願的轉變，倫理對我來說還是一樣地重要，我相信這是很寶貴的人生成分。

熱情與理性並進，追求覺知的道路！

從當兵被學長欺負、就業受長官要求與責難、到結婚課題的學習，經歷了許多的社會現實面之後，學生時代心中的理想畫面開始轉變，因為理想不能再是天馬行空，也不能紙上談兵，更要務實、一步一腳印地前進。身邊的夥伴不見得均能堅持理想，或因為理念不同而分道揚鑣，這讓我發現，自己的熱情除了需要理性的並進外，還需要深化的心智鍛鍊來堅持，領袖禪的訓練，成為我堅定理想的重要因子。

從學生時期（二〇〇七年）開始撰文，約有六年半的時間、從週一到週五，每天一篇千字的文章產出，雖後來改為每週一篇，到現在仍穩定地經營部落格。撰文的靈感過程中，我提出一個百億郵輪的夢想，並撰寫描繪地球和平進程的未來小說《沃比費帕德》（*Worpi Fepab*），[1]希望世界的和平可以早日到來。直到工作後，二〇一六年開始投稿媒體，這十年多的歲月不長，但也讓自己收穫不少。我將撰文視為成為演說家的基礎，希望深入議題與思考的能力，可以真正了解問題的真相。

一個人的影響力有限，改變需要團隊與夥伴，我始終相信這樣的覺知道路，需要有夥伴才能行。我自己曾受十多年的組織訓練，未來希望可以運用組織的力量，集結更多志同道合之士，走出一個改變世界的光明道路。

---

[1]百億郵輪、《沃比費帕德》（*Worpi Fepab*）的節錄，都收錄在本書中。

母親，世界上最辛苦的工作

網路上有一部名為《世界上最辛苦的工作》的影片，當發現這份工作原來指的是「母親們」，這個真相觸動了每個面試者的心。母親是生命之源，最大的報恩，是自己認識與深入探索靈性之源，並幫助母親，因為一個是一生之緣，另一個是永生大事。

世界上最辛苦的工作莫過於「母親」。

沒有人可以接受的工作內容

這個「營運總監」應徵在報紙與網路刊登，透過網路面試，面試官訴說工作內容是不斷地站著、彎腰，能力上需要出色的談判和人際交往技巧，並需具備醫學、金融、烹飪藝術學位。

沒想到面試者問到是否有用餐時間時，面試官說：「你可以吃午飯，但必須當所有同事都吃完的時候。」

甚至於問到休假，面試官竟回答說：「感恩節、聖誕節、新年，以至所有假期工作量會大大提高，這是公司要求的。」

當然，所有接受面試的人都覺得這樣的要求不能接受……

「這蠻辛苦。」

「啊，我認為這有點過分。」

「不行，這太瘋狂了！」

「不可能的，這根本不人道。」

「這簡直瘋狂！」

在大家聽到無法接受的工作內容後，面試官還補上薪資待遇「這個職位的工資是絕對……沒有的。」面試者皆一臉錯愕，沒人想當免費工讀生。

不過，面試官終於說出了令他們恍然大悟的訊息：「如果我告訴你，事實上真的有人，現正擔任這個職務，其實有數十億人。」

「誰？」

「母親們。」

生命之源與靈性之源

母親，是這一生的生命之源；上帝／佛／阿拉則是永生的靈性之源。在認識生命之源與靈性之源後就會明白，父母跟我們就是這一生的緣分，但靈性卻是永生大事。

我在超生命教育中重新認識，人在死亡結束後，父母給我們的生命，一部分跟著骨灰入土，一部分則進入虛空，不會有下輩子或投胎的事。而人的靈性部分應該返回源頭，這源頭不是父母，是稱上帝、佛、阿拉的萬物之源，一般人對這部分的深入探求反而少。

一般人以有限的人情世故來看待靈性大事，對於民間的通靈之術感到好奇，可能因為對親朋好友感到熟悉，親人離世後想藉由通靈之術來解決思念的苦。並非通靈之術不好，也非不能碰，而是我們對靈性之源認識太少，對解決返回靈性之源的大事也下不足功夫。

最大的報恩——幫助母親認識靈性之源

因此，母親節感恩母親的孕育生命，最大的報恩，便是自己認識靈性之源，也幫助母親認識靈性之源、回到靈性之源。這樣的報恩對於物質文明、資訊發達的社會顯然不是件容易的事，除了人在社會的職場責任，在家庭身分上的責任，對於靈性之源有太多資訊、太多人云亦云，而親身驗證的卻很少。

只是，如果遇到真正認知與深入靈性之源的機會，又有誰願意把握呢？

江蕙《炮仔聲》父親的牽掛

有些東西超越了道理，那就是愛。

八月八日是台灣一年一度的父親節，剛好某年父親節前夕，聽到一首很感人的歌——江蕙《炮仔聲》，這雖是一首說明待嫁女兒心心情點滴的歌，但是卻令我非常感動。

女兒待嫁，我似乎可以感受到這樣的心情。在東方的民俗裡，雖然已經越來越重視男女平等，且很多身為兒子的也都長時間沒住在家裡。然而結婚之後，女孩子嫁出去的心情，似乎就像歌詞「原諒查某子，感恩友孝到一半。」所描述的，女兒的孝順，好像只是做了一半。

我自己也因為人生的志業越來越忙，而往往懷有如嫁出去的女兒一樣的心情；但我會記得，有空就回家，請爸爸不要牽掛！

有些東西超越了道理，那就是愛

有一次爸爸從二水火車站載我回家，在車上聊到洪仲丘的事情，爸爸在我下車的時候提醒我：「頭要軟一點」，一開始聽不懂，原來，爸爸知道我平常還好，硬起來的脾氣卻很……大，他擔心我追求對錯的態度會得罪長官。

以前我不懂，為何我沒錯卻不能反駁？！後來發現，因為看事情的角度與層次，跟生命經歷有關，某個角度，或許我是對的，但是有些部分，我不見得是正確的。直到接觸的長輩越多，有時候的狀況，我開始選擇不是講道理而選擇臣服，放下過多的道理與判斷，我開始明白，有些東西超越了道理，那就是愛。

爸爸在家裡通常是扮演黑臉的角色，我們孩子總是有距離感，但是我突然懂得，當孩子爸爸的愛，其實不會比媽媽少。

念念不忘的報恩

爸爸！感恩這四十年的養育之恩，所有的點點滴滴，都在孩子的心頭。請原諒孩子曾經的不懂事，努力地成長。歲月，一天一天飛逝，您總是盼孩子可以更加成熟茁壯，願您天天開心，無罣礙煩惱，身體健健康康。

一次感恩卡傳情，我在卡片上寫著「親愛的爸爸、媽媽：感恩您的養育之恩，這卅五年之恩難以回報，在我心中念念不忘的，是可以在這一生讓你們有機會認識靈性解脫的重要性，只是懺悔不知怎麼跟你們啟齒。心中感念你們有天可以來嘗試。建豪 二〇二·七·八」我呀，是行動的侏儒，越是在意，就越像個笨蛋一樣。我明明知道對他們來說最是重要，也知道，這是報恩最重要的一件事，但是我遲遲開不了口，也不知道怎麼說。

江蕙《炮仔聲》感念時間的飛逝

我似乎可以明白，為何對江蕙的《炮仔聲》這首歌特別有感觸。因為，時間一天一天地過，當孩子的，好像還有很多的孝意沒盡到，還是一樣不懂事，不夠讓他們放心。

就在人生的旅途上，我誓願把自己的生命獻給志業，推動世界和平，人間天堂。我似乎成了嫁出去的女兒，孝順只盡了一半，「原諒查某子，感恩友孝到一半。」

父親，我愛您！

天下沒有不是的父母

「孝」其實不難，首先領悟一個道理：
「天下沒有不是的父母」。

「無論爸爸有沒有錯，你都要記得一件事……」，大哥話還沒說完，我懂大哥的心，馬上接上一句話，

「天下沒有不是的父母。對吧！」

「恩。」

我懂，因為大哥一直都在教我這個，雖然我還轉不太過來，但是希望未來我自己可以實踐這個道理。

這件事，就從二〇一一年我幫爸爸簽收一個單子的事件開始……。

簽了一張可能被坑的單子

說到這個單子的事件，這天爸爸留下兩盒共二十顆的三十安培（A）燈泡，要替換二十安培的燈泡，希望材料行來時我可以幫忙換取。

當天果然材料行來了，只是對方多拿給我一張單子簽收，他跟我解釋著，-20 就是取回退貨的意思（在-20 旁也用筆寫上「退貨」）。

沒想到，晚餐時爸爸很氣憤地找我問這張單子，認為我不應該簽收。

「你說懂我的想法，可是我的邏輯結果不是四十顆呀！」

爸爸說：「你這張單子簽下去，早上這筆三十安培的二十顆，下午二十安培的二十顆，我們就要付四十顆的錢。」

我認為不是這樣的，這張單子寫-20 顆的意思，應該是把早上那張單子的二十顆取消掉，所以我們只需要付二十顆的錢。我說，有些大賣場如果要換東西，也會這樣做。

〈早上出貨單〉

30A 燈泡 2 組 20 只

乙產品　1 項
丙產品　1 項

〈下午出貨單〉
20A 燈泡 2 組 20 只
30A 燈泡 2 組 -20 只

我說，這兩張出貨單，等於我們只買下面這樣三項東西……

〈出貨單〉
20A 燈泡 2 組 20 只
乙產品　1 項
丙產品　1 項

爸爸不太能理解我說的，應該說，早期的作法，就是如果單子要取消，就是直接劃掉就好，只要打出來就是要付錢，下午的出貨單我一簽收，就是要付四十顆的費用。其實用-20，是已經有電腦作業經驗的人才會知道。

爸爸越講越氣憤，認為我這麼簡單的道理都聽不懂，但是每每我想弄清楚他的想法，我總是覺得他並不懂我的邏輯……

「你說懂我的想法，可是我的邏輯結果不是四十顆呀！」

隔天早上我一下樓，爸爸掛了打去材料行的電話，媽媽跟爸爸說，「所以，跟豪講的是一樣的。」

我那時有點悶，隨口說：「昨天大哥說我的應該對。」

天下沒有不是的父母

媽媽看到我吃飯時悶悶不樂的樣子，飯後跑到樓上來關心我，我抱怨著，結果我說的才是對的，但爸爸還一付要教我的樣子，我還補了一句，「在家裡，你們兩個都欺負我。這樣我以後不想住家裡了。」

媽媽連忙幫爸爸解釋，雖然他有時候鑽牛角尖，但是心裡特別疼我們孩子們。不知道為什麼，每當媽媽越是低聲安慰我，我心裡越是心虛，好像自己抱怨得有點過分。

後來大哥打來跟我約台中喝酒的事，順便問問那天單子結果怎樣……

「可是，有時候我不知道該怎麼辦呀，因為他的邏輯無法說服我。」

「看他希望怎麼樣。」

「他希望我不要簽那張單子。可是，我怎麼會知道，因為每次的狀況都不同。」

「沒關係，你就盡力做到最好。」，哥提醒我，

「無論爸爸有沒有錯，你都要記得一件事……」

「天下沒有不是的父母。對吧！」

「恩。」

我心裡盡是慚愧，因為我感受得到他打從心裡對爸媽的孝，是我不夠的，我只是在自己的對錯裡面打轉。大哥一直都在教我這個，雖然我還轉不太過來，但是希望未來我自己可以實踐這個道理。

清明
領悟生命的道理

唯有領悟生命的道理，提升與改變心靈，才有辦法真正感恩祖先的恩惠。

一年一度的清明節，我家都會有掃墓的習俗。清明讓我們領悟生命的道理，家族的生命與我們自身息息相關，延伸下來，我們與地球上的生命也息息相關。唯有領悟生命的道理，提升與改變我們心靈，才有辦法真正地感恩祖先的恩惠。

我們身上都存在祖先的生命訊息

記得有一次在領袖禪結束後，Mark 提到他的心臟不舒服，我用支離破碎的英文關心他……。一開始，我關心他最近的心情如何，他說心情還不錯，我再問他，之前心臟有相關的毛病嗎？他也說沒有。

後來，我跟他提到，其實我們身體的所有狀況都跟我們的父母有關，這就是所謂的基因遺傳，這基因不只是細胞構造的傳承，還有種種的生命訊息在裡面。我們的父母，也跟他們各自的父母有關，所以我們跟祖先是息息相關的。

Mark的爸爸是法國人，媽媽是台灣人，所以他便有了兩個國家的生命訊息在裡面。

當然，我們除了先天傳承了祖先的種種，還是有很多是後天的造化，我們做了什麼，想了什麼，都是自己該承受的。

我們無法避免的家族、社區、國家的生命關係

陳前總統的官司沸騰了一段時間，陳致中、陳幸妤，甚至陳前總統的媽媽總是無法避免成為媒體的焦點。一個青少年砍人的事件，媽媽說管不動她兒子。我之前處理學妹自殺的事情，教官在無能為力下，通知她家人到學校來處理。

這種種的事情，都證實了我們無法脫離家族的福禍。

同一個社區、國家呢？其實也有息息相關的生命共同體微妙的關聯。有一則新聞描述社區的居民抗議著旁邊要建一個禮儀中心；達賴喇嘛出訪，中國大陸就急跳腳，甚至不惜把法國大量的訂單都停止。這些種種，都顯示著無論是同一個社區或國家，都有無法避免的生命關係。

如果再提高到地球的層次，美國前總統歐巴馬當時與中國大陸前總理胡錦濤會談，共同聲明中美的過渡關係已經過去，美國強調，沒有中國大陸，自己無法處理現在的金融風暴。而當時即將進行的 G20 高峰會，不也正是證明了我們無法脫離同樣生活在地球的生命關係。

就是因為我與你與所有地球上的生命，互相都有很微妙的生命關係，所以無法脫離社會與國家的責任，更不能忽視，我們都是地球村的居民。

真正的感恩祖先　先提升與改變我們心靈

這樣可能會有朋友問了，扯了一堆，感覺不是很沉重？呵呵！如果換個方式來看這個問題，就可以明白，為什麼提倡心靈的提升這麼重要了。

因為只要有一個生命領悟了生命的道理，就可以改變所有的生命。

說的當然容易，這樣的願景，需要我們地球上的生命一起來努力囉！

因為感恩所以「謙卑」

民間有句諺語：「低頭的是稻穗，昂頭的是稗子」，這啟示我們謙卑的重要性。

民間有句諺語：「低頭的是稻穗，昂頭的是稗子」，這啟示我們謙卑的重要性。清明就是感恩，我想，懂得感恩的人之所以成功，是因為感恩的人也容易謙卑吧！

豐盈的稻穗必低頭

記得松下幸之助曾經分享，有人問他為何成功，他認為跟自己面對成功與失敗的態度有關。別人成功時覺得是因自己的努力，失敗時覺得是時運不佳。

他成功時覺得是運氣好，失敗時卻覺得是因為自己不夠努力。

這兩種態度最大的不同，就是松下幸之助在成功時不驕傲自滿。這就像稻穗的諺語一樣，如果稻子越是豐盈，必會低下頭來。

真正的自信不在驕傲，真正的堅持不在強勢！

有次我看到一位朋友在網路上發表的心得：「真正的自信就會謙卑，真正的堅持就會柔軟！」的確，有次智者說：「警察界裡就是這樣，三線與二線都比較客氣，一線卻很兇。」真正的自信不在驕傲讓別人知道、或肯定自己多厲害，真正的堅持不需要用強勢改變別人，反而更懂得尊重別人的自由意志！

我自己也有這樣的體悟——「真人不露相，露相非真人！」真正真材實料的人，通常不會拿自己的厲害來炫耀！因為他們已經不在意表面上的奉承。而遇到只是想說服別人來證明自己的，我通常不會跟他辯論；但是如果真的是要跟我深入討論交流，甚至想貢獻自己投入世界和平行列的，我卻很樂意分享。

因為，我寧願把力氣花在與志同道合的夥伴共同努力，而不是跟輕蔑自滿、自得其樂的人較勁。

倫理感與謙卑

我發現，重視倫理的觀念，也讓自己收穫許多，因為有時候，我們如果太堅持自己認為對的想法，不重視倫理，會讓我們陷入得理不饒人的盲目情緒。

有一次，我跟一位朋友在聊以身作則有沒有什麼準則，我說：「我發現，對我很尊重的學弟妹，我比較容易跟他們自然地在經驗分享上談得很深入，但是如果看到我就只是無距離地打熟，我跟他們聊的都是比較表面的寒喧而已。」所以，雖有時候對長輩必恭必敬會有距離感，但是從學弟妹跟我相處的經驗上來看，我自己卻也常常因虛心請益，而在長輩身上學到更多東西。

從感性、理性到覺性——「成就不必在我！」

重點就是，感受是一時的，對錯也常常是一時的。真正的感受是純真的覺性，真正的對錯也是大是大非的覺性。

覺性因為從永恆的靈性而生，讓我們懂得謙卑。覺性讓我們只看實質的改善，而不是在意大家記得或認為這件事是誰的功勞。

所以！我常常鼓勵夥伴要有成就別人的雅量，「成就不必在我！」我可以默默努力，只要全世界生命的靈性都可以得到解脫，就算最後成就了別人得到掌聲，沒有人記得我也沒關係！

平凡的真諦

「禪，令不平凡的人明瞭平凡的真諦。」我一直記得智者這句話，尤其是當自己越是想承擔大事時。

在當兵部隊裡傳說有一位學弟精神異常，他私下跟我們聊的時候，提到自己某些不同一般人的能力。我找機會私下攀談，我跟他提到，越是不平凡，越是要了解平凡的真諦。

我鼓勵他思考一下自己特殊能力的價值是什麼，當適當的時機，再說出自己的這樣能力。因為人生短暫，怎麼樣的不平凡都匆匆飛逝。

越是不平凡，越是要了解平凡的真諦。

「你有想過，你的特殊能力的價值是什麼嗎？」

當我聽過學弟得意地自述自己不凡的能力時，我感覺似乎他真有這樣的能力；不過，當有些弟兄深入問他一些問題時，他的回答反而有點混淆不清。

我明白了他為何對某些問題混淆不清，因此問他：

「你有想過，你的特殊能力的價值是什麼嗎？」

學弟聽到我的問題後回答道：

「我，沒想過。」

「其實，如果你真有那樣不凡的能力，更需要謙卑，因為這就是平凡的真諦。」

當不平凡而顯得平凡，才可以超凡！

因為，當越不平凡時，如果可以了解平凡的真諦，便會明白每個生命都如此尊貴，能尊重每個生命，自然而然不會自滿。

然而若我們的心可以超越不平凡與平凡之間的界線，我們也可以因此而超凡脫俗。

「人在世間就幾十年，多則一百年，任何的不平凡其實也都很短暫！」我跟學弟進一步解釋我的想法。

「如果你可以好好思考自己特殊能力的價值，自然而然你不會到處炫耀這樣的能力，你會選擇適當的時機說，會選擇可以發揮價值的時候說。因為，會相信的人就是會相信，不會相信的人，你再怎麼說他們也不會相信，甚至，別人會覺得你精神異常。你是不是回答好像自己也不清楚答案是什麼？有點……混淆。」

「恩。」

「便是因為如此，如果你可以明白平凡的真諦，會覺得這樣的能力沒有什麼，我們將投入這生該有的價值上。」

當明白人的平凡，對別人的過也容易釋懷！

最近我也在學習怎麼體諒別人的過，有些人喜歡對別人道是非，到處閒言閒語，我常常對別人這樣的行為感到困擾。

「當你必須去做能力上無法勝任的事，有時候真的感覺不公平。」有次我也跟連長述說這樣的委屈。

我提醒自己，別人的閒言閒語常常都是「人之常情」，因為我們也有盲點，我們可以多體諒別人所看的也會有盲點。因此，我把自己的情緒放下，選擇默默地承受，用行動來改變別人的想法，我發現雖不相信的人他還是選擇批評，相信的人自然而然會支持我、體諒我。

人與人之間的緣分是如此短暫，我想去珍惜該珍惜的，有時候對於這些多餘的不諒解，我也不想多解釋些什麼了！

小黑黑

「你就把他們當成是可愛的小黑黑，自然就不會覺得這麼不舒服了！」有時候夥伴們在推動光明、轉動正面力量時，身心難免會有些負面的反應，我就會這樣跟他們說。至於什麼是小黑黑呢？聽我分析過，再對照自己身心的反應過程便知道。

你有無力感的經驗嗎？

「你有無力感的經驗嗎？」常常，很多夥伴問起阿寶這個問題……

「有啊，常常會有。」阿寶也總是這樣回答。

「是喔？！那你怎麼面對呢？」

把身心負面的反應當成是可愛的小黑黑，自然就不會覺得這麼不舒服了。

「這樣的無力感，其實做事做得再久，再怎麼有經驗的夥伴都還會有，所以，你會漸漸習慣，當你選擇了自在，選擇超越這些感覺，你便不會被它影響。」

推動光明、轉動正面力量的朋友，面對最大的敵人不是別人、不是外來的困難，而是心中強烈的無力感，阿寶常常勉力面對這樣問題的朋友，我自己也常常會有，但是現在跟以前的阿寶不一樣的是，現在我選擇自在，不要這麼在意這些感覺。

《神隱少女》的小煤炭

「你有看過《神隱少女》嗎？對裡面的小煤碳有沒有印象？」

通常有看過《神隱少女》的朋友，都會有印象，在遇到鍋爐爺爺的那段劇情，有一堆小煤炭，超可愛的，他們都躲在暗的地方。

「到最後，你會知道你只能選擇不被無力感、挫折感等等的負面感受或情緒影響，因為就算你再怎麼有能力，做事再怎麼有經驗，都還是會有這些感覺。」

「《神隱少女》的小煤碳很可愛吧！我通常把負面感受或情緒，甚至暫時的身體不適，當作是這些可愛的小黑黑，因為這樣一想，也會比較舒服些，呵呵！」

這樣的比喻，或許對某些朋友來說很抽象，或是對某些網友來說，根本不知道阿寶在說什麼；但是，如果開始嘗試內觀自己的起心動念，也開始嘗試不要受到這些負面的情緒影響，會比較知道這樣的比喻真的很妙，而且也很實用。

用真心與愛心　觀照內在負面的能量

所以呢，阿寶常常在幫朋友解決類似問題的時候，提到小黑黑這樣的名詞。

小黑黑，也好像是我們自己的親朋好友，當我們開車回家時，路上遇到他們，他們可能玩得整個身體髒污、滿身汗臭（而且車子可能剛洗好，噗！），我們不能因此不接他們回家，反而更要載他們回家洗熱水澡、好好睡個覺，讓親朋好友有賓至如歸的感覺。

在這裡也跟推動愛心的志業、推動任何光明事業的網友朋友們一起互勉，唯有更強烈的真心與愛心，才有辦法層層突破，關關難過關關過。而當自己有強大的願心時，這些小黑黑將變成自己包容與關愛的對象，因為我們可以照顧到自心自身的負面能量時，對待別人，也會更加柔軟，更加圓融唷！

投影機

之前在幫幾位伙伴解決困擾的問題時，突然來的靈感……

「妳有用過舊式投影機嗎？」

「外面沒有別人，只有自己！」，如果用過舊式投影機就可以明白，我們用的投影片可以說是我們身心的狀態，而投影機裡面這個白色的燈泡，就是真我。而純淨的環境，更可以讓人了解我們的投影片，也可以認識我們的燈泡。

這樣的環境，就是世界和平，也是天堂！

投影片內容呈現我們身心的狀態，而投影機裡面這個白色的燈泡就是「真我」。

所有事情都是中性的，端視我們怎麼看它！

「妳有沒有辦法去觀察到妳自己怎麼看待男朋友這件事？」
「你是指我希望他怎麼做嗎？」
「都有，這樣說好了，妳有用過舊式投影機嗎？」
「投影機？！」
「舊式投影機，本來投出來是白色的，當我們放了投影片之後，就會投射出不同的影像。」，我跟她說，外面沒有別人，只有自己，所有事情都是中性的，端視我們怎麼看它！
「當我們換一張投影片時，我們所看到的影像也會跟著變，這就好像我們在不同的身心狀態，對同一件事也會有不同的看法一樣。
「如果我們可以體會這樣的道理，我們就可以進一步明白，外面沒有別人，只有自己的道理。」

領袖禪！讓我們看到自己！

不過，我們投影機投出來的環境，也會影響我們對自己的了解。如果投出來的地方是白色的布幕也沒有光害，我們會更容易看清楚我們身心的狀態，這也是為什麼我們需要有領袖襌，幫助我們靜下來，看到我們自己。

有些人不懂為何花時間在領袖襌上，反而可以省時，投影機的比喻或許可以幫助這樣的朋友理解。

如果更加了解自己，便可以進一步了解，我們需要調整的是什麼。

投影機裡面白色的燈泡，就是真我！

認識自己還不夠，還要認識裡面真正的主人，嘿嘿！這個投影機裡面白色的燈泡，才是老大！

因為如果沒有這個燈泡，我們是無法用投影機的，也因此，我們的情緒、思維、價值觀、身分、能力、信仰等等，都不是我們真正的自己，而支配這些種種一切的，才是真我。

要認識真我，必須要先理解，外面這個幻燈片是可以改變的，我的能力在我努力之後可以改變，我的情緒會受到我當時遇到的人事物改變。

世界和平，讓每個人都可以看到真正的自己！

進一步來看，我的個性雖不容易改，但是孟母三遷，只要在一個環境待久了，也會漸漸地被環境影響，雖然所謂的受環境改變，也不過只是改變了投影片，但如果明白投影機的光源中心可以純潔無染，每個人便可以更容易認識真正的自己。

這也是世界領袖教育基金會希望可以推動地球和平聯邦共和國，真正可以維持世界和平的世界政府的原因，因為如果這樣的體制可以成形，只要出生在地球的生命，就好像生活在天堂一樣。

朋友，讓我們一起認識白色的燈泡，也一起為地球的純淨努力吧！

焚化爐

（注意：本文不適宜飲食時閱讀）

當你開始第一次收別人的垃圾，有沒有想過有一天自己將變成焚化爐？

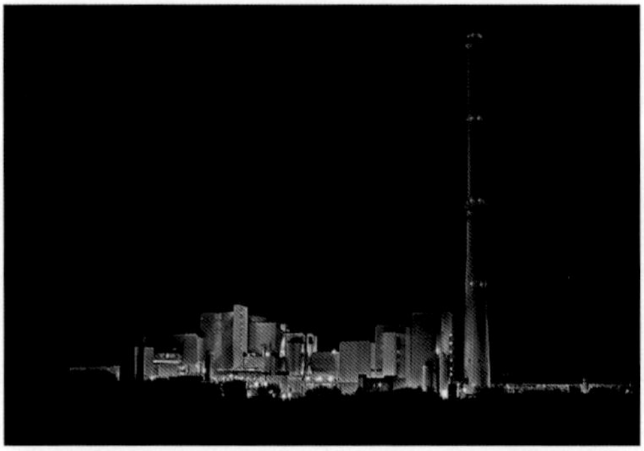

當你開始第一次收別人的垃圾，有沒有想過有一天自己將變成焚化爐？

傾聽　學習收別人的垃圾

我也忘了自己是從何時開始收別人的垃圾了，對於雞婆個性的自己，能幫別人就不落人後。第一次開始學習傾聽，我想應該是朋友心情低落時吧！

傾聽最重要的功夫，就是適時地閉嘴，因為對方有的時候並不見得希望你回饋他什麼。

「我沒有叫你給建議，你只要聽我抒發心情發牢騷就好。」有時候我會被倒垃圾的朋友抱怨（尤其是女生比較希望如此），傾聽她的抱怨請不要給建議。

「如果妳這通電話是想倒垃圾而不是希望我給建議，請跟我說一聲，因為我會非常認真地看待妳的問題，並給予回饋。」後來我學乖了，我會很坦白自己傾聽過度認真的傾向，希望對方可以先提醒我這通電話的目的。

化身為垃圾桶到垃圾車

當開始習慣收別人的垃圾，可以說就是垃圾桶了。進一步，就是回收垃圾桶的垃圾車，因為，你將開始學習，回收願意負擔垃圾的夥伴的情緒與困擾。

通常，有些人感受到處理有收垃圾習慣的夥伴的垃圾，比處理一般垃圾更辛苦，所以，有時候會覺得一般成員比幹部來的可愛。這不是沒有原因的，不是幹部變得不可愛了，而是因為他們已經收集了很多人的垃圾，所以你幫助他清理的垃圾，當然更多囉！

當你收到垃圾時，應該做好心理準備，你必須明白「垃圾是臭的」，如果你沒準備好，可能會排斥收過來的垃圾。記住，如果收垃圾前先請對方消毒並噴香水，這會是很奇怪的一件事。

所以，垃圾車要時時注意自己的垃圾是不是滿的，記得定期清空，以便用來裝下一個垃圾桶來的垃圾。

可以裝很多垃圾的垃圾場

如果再昇華一層，如果我們從垃圾車，願意成為垃圾場呢？

哇！將垃圾桶的垃圾收集至垃圾車，垃圾車再收到垃圾場，那你能夠負擔的垃圾就更大了。當開始意識到自己必須成為垃圾場，下面的垃圾車才可以收更多的垃圾，我便開始學習，就算是收過來的垃圾令人難以忍受，我也必須承受下來。要成為垃圾場，可要很多的鍛鍊呢！

甚至，我們要學習，喜歡別人給我們的垃圾。

超越理性與感性的焚化爐

當你當了垃圾場一段時間，必會意識到，垃圾場的垃圾終究有一天還是會滿，甚至，你如果開始希望也幫別的垃圾場清理垃圾，難道要讓自己成為大一點的垃圾場嗎？

這時候，你會開始思考，是不是有可能成為一個焚化爐？

你已經超越了理性與感性，收來大量的垃圾，可以化為前進的力量與能量，因為自己清楚知道，還有很多很多的垃圾需要我們來承受。

當你希望成為焚化爐，你也會希望世界上有更多更多的焚化爐，你也會希望，家家戶戶如果都可以幫忙做好垃圾處理，世界就是香香的囉！

Lulu 結紮記

「明天早上有開嗎？」媽媽那晚打電話到田中的一家動物診所，確定了我們期待已久家犬 Lulu 的結紮。

隔天一大早我們組裝了外出籠，用大車載 Lulu 到診所，獸醫馬上便幫 Lulu 打了麻醉劑，中午接回她到傍晚我們要搭車之前，Lulu 看起來還是無力無力的，感覺不是麻醉藥還沒過就是疼痛。獸醫說還要觀察兩週，才可以放她出來活動。

Lulu 手術後看起來還是無力無力的，感覺不是麻醉藥還沒過就是疼痛。

認養與流浪動物 TNVR

在我還是學生時，參加的中央領袖社因為辦了流浪動物系列活動，因此組了一個社團——中央汪汪之家。我於是受邀出席創社致詞，我說：「流浪動物的問題，就是人的問題產生的。」我相信如果人懂得愛惜動物，便能夠認識流浪動物怎麼產生、怎麼避免流浪動物的氾濫，所以，解決人的愛心問題，就可以解決流浪動物的問題。

要減少流浪狗與貓，目前第一個推行的就是動物認養，全國各地有很多流浪動物之家，都有貓狗認養的活動，取代對他們的安樂死。

除了認養，早在柯文哲選臺北市長，我就留意到一個流浪動物很專業的流程：TNVR——Trap（誘捕）、Neuter（絕育）、Vaccination（疫苗施打）、Return（回置）。

我家總是收養流浪狗當家犬

從我小時候有記憶開始，我家都是撿流浪狗來當家犬，大大小小的狗，媽媽通常以養狗為主，總是把他們照顧得健健康康。

其中有好幾隻狗，媽媽都帶他們去結紮，以防他們不小心跑出去時，播了種或懷孕回來。

家裡的Lulu也算是來了幾年，應該算是青壯年了吧？！她剛被撿回來時，侄子小哆啦還太小，怕Lulu力氣大，會撲倒他。現在小哆啦五歲了，但因為Lulu還沒結紮，仍舊被關在籠子裡，沒被放出來庭院跑。

Dory是愛狗志士，我因感動而幫忙

太太Dory台南家裡的貓咪麻吉、狗狗小吉平時都是跟人一樣自由活動。自從Dory來我家之後，對於Lulu長時間被關在籠子的情況時常表示關心，我們每次回二水，Dory便會拎著我一起去幫她清理籠子四處的大小便。

Lulu因為長時間被關在籠子裡，指甲過長，Dory也耳提面命地說應該讓她出來跑一跑，指甲就可以因而磨短。

把讓Lulu出來的主意跟爸媽討論過後，認為最重大要處理的，就是Lulu結紮的問題。Lulu從小女生變大女生，放出來必會有體味，會吸引很多男生。

這個家庭提案終於在我們結婚一年多之後，我們回彰化慶祝母親節的今天完成了。Lulu在手術完之後看起來還是很靜，我想可能是因為麻醉藥效還沒過、或是手術的傷口很痛，無論如何真的辛苦她了。

《窩抱報》與愛動物

Dory是十足的動物迷，除了怕蝴蝶，任何動物都會吸引她的注意，這本專注動物議題的季刊《窩抱報》雜誌被她知道了之後，一口氣從第一期買到十二期，其中二〇一六年十月第七期的主題是：「動物園的每一天」。

動物園對動物而言不自由，那麼，動物園對動物好嗎？

剛好我們在圖書館借的一部電影《搶救旭山動物園》中也在討論這件事，如果你認識了外面的環境，你大概就會知道，放牠們在外面也不見得好。去過日本兩個動物園，你會發現台灣木柵動物園照

動物應該生活在野地，或是動物園？

顧得還不錯。

人類是地球上最有智慧的靈長動物，也最有責任愛護動物，讓我們一起走進關心動物的世界。

《窩抱報》——用熱情與夢想築構的一本雜誌

如果你看過《窩抱報》，你就會相信有人還在為夢想而工作著，每一本雜誌中，除了可愛的動物照片，更深刻地討論了流浪動物等等的議題。

第七期揮別了上一期的貓生活，來到動物園，全世界最老、成立於一七五二年的動物園在奧地利的維也納；最大的動物園有二百八十七公頃，位於加拿大的多倫多；擁有一千五百個物種、兩萬隻動物、動物數量最多的動物園，是在德國的柏林動物園。《窩抱報》收集了數種世界之最，介紹世界各地的動物園。

而台灣有台北木柵動物園、新竹動物園、高雄壽山動物園三座，《窩抱報》深入介紹動物園的歷史，也介紹動物園的經營。除了了解每種動物的習性，因為愛動物，因此不會希望牠們無聊地關在籠內，動物們的快樂也是經營的重點，環境的設計、食物的變化都很用心，真的很了不起。去過木柵動物園也會知道，夏天不用擔心熱，園道裡佈滿霧氣設施，讓遊客不覺得熱。

動物應該生活在野地，或是動物園？

《窩抱報》這期的一個單元「禁錮動物園」，其中比較了「同一個我（動物），不同的生活。」上下對比不同的動物在野地或動物園的生活情形，最後並放上四張禁錮人在籠子裡的圖片。

反對動物園的人認為，動物在動物園裡不自由，也不快樂，應該讓牠們生活在原來的野生環境。不過，之前看過電視報導，如果已經依賴了飼養的生活，到野外將很難生存。而《窩抱報》在這期序言就說：「除了雨林開放與盜獵，你知道製作手機所需的鈳鉭鐵礦也是造成黑猩猩數量下降的幫兇嗎？」顯然，動物的野生環境也已被人類所破壞，無法適合生存了。

旭山動物園為了打造天上飛的企鵝，花大筆資金在改造環境，這算不算一個讓動物開心的方式？還是只讓遊客開心？

素食，可能是進一步愛動物的方法！

最近剛好在網路上看到兩段影片，讓我反思素食的必要性。

第一段是攝錄捕魚的過程，魚兒被鉤子勾到時，除了流血還會抖動，看了這樣殘忍的畫面令人不想再吃魚……

另外一段【食物反思 雞肉篇】，是一位女性 Erin Janus 以一個讓雞過馬路的現象，探討雞隻屠宰場的可怕，她玩笑地說，「如果我把過馬路的雞抓腳割了脖子，會有小孩子崩潰，家長也會斥責我。」但是我們的消費行為，卻助長了這樣可怕的屠宰過程發生。

或許，改變飲食習慣吃素，是愛動物、解決這個殘忍問題的方法。

自然農法耕作

在領袖會夥伴哲瑋盛邀下，二〇一三年我特別把時間空出來，參加他在高雄舉辦的【友善旅行】五溝水濕地十大武山下有機農夫拜訪。當天的行程很多，除了到湧泉濕地、劉家宗祠，後來還到以有機聞名的秀豐永續農園、三和村永勝有機園。

永勝有機園使木瓜樹天折，是為了水分不至於大量流失，讓木瓜保持甜度。

秀豐永續農園園長游盛豐對於自然的經營做法令我敬佩，他信仰 上帝，而且他相信只要給作物足夠的時間(約三年)，必然可以做到園子的生態平衡，盛豐大哥不使用天然氣，煮出香而無負擔的美食。而永勝園長則利用顏色黏紙，及天折法種出有機作物，他的番茄不加肥料、農藥，因此吃起來香甜無負擔。

我相信人為萬物之靈，這一切的食品製作終有一天必須回到自然，且須從人類開始著手，這才是全球公民應該體認的方向。歡迎跟我一樣愛自然美食的朋友，上綠農的家網站「訂購真正健康的有機水果唷！

任雜草生，堅持自然農法！

秀豐永續農園園長游盛豐說，他相信所有的作物生態都有它的規則，至於怎麼運作這樣的規則，就交給　上帝來安排。也因此，他經營的農作物都會以生態平衡的角度來看待，長時間地放任雜草生，害蟲長。漸漸地，在生態平衡的機制下，抑制害蟲的剋星也會孕育而生。

最明顯的例子，就是扁座殼孢菌，樹葉有長千萬不要擔心唷！它可是能夠保護果實的益菌呢！

盛豐園長說，他不計時間成本地培育這個農園，主要就是希望讓農園的生態達到平衡，穩定下來。果然，在三年的辛苦經營後，漸漸地果實的害蟲剋星孕育而生，自然而然果實也開始穩定生長。

烹飪堅持不用天然氣

這次友善旅行，我們中餐就是在秀豐永續農園吃，園長游盛豐在烹飪的過程都用燒柴的熱食方式，讓我們大飽口福。不只是熱食方式，連食材都不施肥與農藥，吃的時候，讓我深深覺得真的沒有負擔。

雖然一樣有素菜、肉食，但是吃起來的感覺就特別不一樣地健康。

夭折的樹幹，就是為了不使用農藥還可以甜！

後來我們到了永勝有機園，園長的方法也很特別，他種的木瓜樹都特意地被夭折，大家都困惑怎麼都夭折了，原來這是園長別有用心的種植方式，因為 永勝園長堅持不用農藥，他必須用這樣的方式，使木瓜樹的水分不至於大量流失，讓木瓜保持甜度。

他另外還用了綠色、黃色的黏紙，這些顏色可以巧妙地吸引喜愛木瓜的害蟲，這些害蟲會因為黏紙接近木瓜的黃色、綠色而靠近，因此被黏在上面。

永勝種的番茄，不用洗也可以放心吃唷！我很感佩盛豐園長與永勝園長對於農業環保的堅持，也讚嘆哲瑋為了理想的用心，我認為因為大自然的反撲，未來在食物方面，大家會開始在回到大自然的規則上用心。

綠農的家網站：www.greenff.com.tw

給五十歲自己的一封信

堅持窮盡真理的道路

（本文也獻給這一路以來共同努力的夥伴）

這封信很早之前就想寫給你了，最近在日本的旅行，加上一位夥伴的事，與一位朋友的對話提醒了我，於是今天，在結束旅程時寫了這封信。

以前常在演講中與學弟妹們分享一個美國嘻皮風的態度：「不要聽卅歲以上的人說的話，因為他們的心中沒有理想。」與其說是想要鼓勵大家追求理想，其實更準確地表達，我演講時心中的渴望，是藉此鼓勵大家走上窮盡真理的道路。

這封信離你閱讀的時候還有十多年之久，我期盼這時候的你，還在堅持窮盡真理的道路。

期盼五十歲的你還在堅持窮盡真理的道路。

會有這樣的感觸，是因為身邊的夥伴因為一些因素放棄了這條道路而離開了，這是因為這條道路跟他的理念相違的緣故。其實，我自己之前也會有理念不同的時候，但是我並不堅持自己的思想，因為我相信，當我們看得更廣更遠時，不該就此滿足於當下的高度，而是應該期許自己可以再繼續往上。

因此，有所變有所不變，堅持不變窮盡真理的道路，在這樣不變下，調整改變自己所不夠的。

確實有些夥伴在懷有不平或不滿之後，對這條道路產生困惑而離開，其中不乏當初竭盡心力一起努力、或同樣對理想期許很高的夥伴，也因此，這次感觸真的很深。

如果有人問我：「難道你不會質疑這條道路是否是對的？」那我必須慶幸，自己在學生時便開始追求這條道路，而且我還是學生時便常告誡學弟妹，不要經過就業、結婚的洗禮後，放棄本有的理想。

我很慶幸，現在經過這兩件事情後還能堅持著這條道路，我希望你現在也是。

如果現在的你已經放棄了堅持窮盡真理的道路，我必須先跟你表達我心中覺得可惜的心情。我也想跟你說，我能明白這條道路確實辛苦，但為何我現在能在艱辛中依然這麼堅持？原因是，如果下一刻就要離開世間，我將不會有任何遺憾。

窮盡真理的道路，最難的是在這個資訊複雜的年代，如何判斷孰是孰非。對現在的我來說，首先，不要太看重執著於自己的想法，因為「真理乃合乎自然」，越是堅持自己，可能越是迷失道路！

第二，就是因為世事本來無常，很多事情不要從這生的角度來計較，打開心、放寬心胸來體會外界每個訊息的差異。

第三，相信每個人靈性都是尊貴的，然而大多數的人卻無法找到真理的出口，也因為如此，除非有把握自己可以更窮盡真理的道路，否則不要輕易因一時的困惑及情緒，做出可能在自己離開世間時會後悔的決定。

如果你現在還依然走在窮盡真理的道路，我也同你一起勉勵，不要因此而滿意懈怠。一句忠實的話提醒著現在的我：「世界上最可怕的，莫過於比自己還優秀的，比自己還努力。」

如果用在窮盡真理的道路上，努力的必定也是「超越自己成就他人」，不會有因自己太優秀而可以自滿、停下來不必再繼續努力的狀態。

藝術與領悟

藝術不僅是作品，
皆蘊含作者賦予的生命，
領悟其理想的價值，
分享並延伸愛的訊息。

共生動物園

共生動物園最迷人的地方，就是所有的生物可以生活在一起。

過了廿幾分鐘，小吉已經累攤躺著，福哥還跟小雅繼續玩。酷兒走到小吉旁邊坐下來。

『在這個園地裡，他們四個的感情就是這樣玩出來的。』

小雅跑起來，福哥緊跟著她追逐著，他們衝到湖旁邊，所有的白鷺鷥都飛起來了。

「哇，整個畫面好美！」

『恩！我最喜歡共生實驗計畫動物園的地方，就是所有的生物可以生活在一起。』

『這隻公獅叫福哥，因為他小時候就看起來不兇，常常是很舒服的模樣。』和祥說著。

「是耶，看起來就是如沐春風。」珍妮以驚奇的口氣回答。

『旁邊的母獅叫小雅，來頭可不一樣了，她有別於其他的動物，小時候是野生的，但由於被其他的獅子欺負，因此被收養進來。』

「喔，她跟共生實驗計畫動物園的動物有什麼不同嗎？」

『妳看，福哥可是人氣王，旁邊的馬與羊都跟他感情超好，小雅顯得比較孤單些。這隻馬叫小吉，另外一隻羊叫酷兒。小吉頭靠過來跟福哥打鬧，好像在爭什麼。酷兒其實是個女生，很會跟福哥撒嬌。』

「恩，好像是耶。小雅感覺有點孤單。」

『這已經比之前好很多了，之前她無法這樣安穩地坐在他們之間，她會因為之前被欺負的陰影顯得防備心很重，還跟福哥打了幾次架。福哥脾氣很好，很讓著小雅，漸漸地小雅就不這麼排斥其他的動物了。』

福哥突然轉過頭來咬小吉……

「啊！小吉被咬了。」珍妮嚇到。

『放心啦，他們沒有怒氣，其實是在玩。他們兩個從小就生活在一起了。』

小吉不甘示弱，用頭撞福哥，福哥撲起來，兩個人抱在一起扭打。旁邊的小雅與酷兒被他們的大動作嚇到而跳開。

『顯然地，小吉的嘴巴沒有福哥大。』和祥對他們兩個這樣玩做了個結論。

「哈哈！看起來嘴巴上他的確吃虧很多，福哥的牙齒也比較尖，不會怎樣吧？！」

『不會啦，他沒真的咬，真的咬就很容易斃命的。』

「是喔？可是以前沒出過問題嗎？這樣玩？」

『有呀，福哥去年有咬死過一隻玩伴先先，他是一隻小鹿，他們那次也是打的很兇，福哥不小心把先先咬死了。』

「是喔！後來呢？」

『出奇意外地，隔離福哥一個月後，沒想到福哥出來後看起來比我們想的還難過，跟玩伴玩的時候顯得特別小心。我們發現園區給動物們一個健康的環境，他們彼此都有很深的感情。』

小雅看他們玩得開心，也撲過去了。

「啊！太誇張了。」

『呵，我還沒看過小雅跟著玩呢！真的託妳的福啦。』

「哈哈！顯然酷兒覺得自己的身子太小無法加入，有點無辜地趴在旁邊。」

『呵呵！是呀。其實酷兒也很想玩，上次被壓到之後就嚇到了。』

過了廿幾分鐘，小吉已經累攤躺著，福哥還跟小雅繼續玩。酷兒走到小吉旁邊坐下來。

『這個園地裡，他們四個的感情就是這樣玩出來的。』

小雅跑起來，福哥緊跟著她追逐著，他們衝到湖旁邊，所有的白鷺鷥都飛起來了。

「哇，整個畫面好美！」

『恩！我最喜歡共生實驗計畫動物園的地方，就是所有的生物可以生活在一起。』

福哥與小雅也玩累了，靠過來和祥與珍妮旁邊……。

說明：本篇文節錄自《沃比費帕德》（*Worpi Fepab*），沃比費帕德是阿寶在二〇〇八開始寫、未完成的連載小說。「西元二二〇五年無國界理想下成立的世界政府，世界和平的曙光到來的年代，人們的理想與現實的拉扯更加劇烈。」搭配自己所繪的素描，讓小說更加生動。

《雷神索爾》（*Thor*）好強 vs. 睿智

看完《雷神索爾》（*Thor*）後我說：「本來我是不會花錢看這類電影的，來了之後才發現我想看。」這部當時與朋友韻方看的早場電影，電影的劇情解開了我所困擾的一件事。

當初帶我批評老師的同學，我明白他組織動員能力超強，現在正吸收一批自己的學生，這樣的氣勢，最近讓我產生畏懼。看了《雷神索爾》（*Thor*）後，我明白天神的睿智與天神之子雷神索爾的好強，正映出老師與我這位同學的對比。原來，好強不是強，真正的睿智與慈愛才是真正的強者。

我，也因這場電影而不再擔心了！

《雷神索爾》電影中，索爾的好強不是強，天神的睿智與慈愛才是真正的強者。

好強而魯莽的雷神索爾　被貶下凡學習

電影的劇情描述，擁有強大力量、好強而魯莽的雷神索爾（克里斯漢斯沃飾），繼承王位之日遭約頓海姆世界的寒冰巨人破壞，他憤而率眾到約頓海姆嗆聲。

「對，我笨！我竟沒發現你還沒準備好！」父王氣他魯莽，貶他下凡。

索爾被迫和人類一同生活，並且學習如成為一個真正的英雄，他到地球時沒有神力，拿不起他原有的雷槌。好妒的弟弟說謊騙索爾父王為他的不足而死，反而讓索爾開始反省自己。當索爾甘願以自己的死來保護無辜的人類時，才恢復了神力。

真正的慈愛不是毀掉惡勢與敵人

弟弟想殺死所有約頓海姆世界的人，來證明自己比索爾更適合繼承王位，沒想到反而遭之前好戰的索爾阻止：

『我會完全消滅他們。』

「你不能屠殺整個種族！」

『你因為愛上地球的女人而變懦弱了嗎？』弟弟嗆他。

我懂，因為天神的睿智並不在毀滅這些約頓海姆世界的生命，而是希望藉由慈愛來感化他們，索爾在地球願意犧牲自己的一堂課，他現在也明白父王的心了。

真正的睿智不是靠有為的力量　而是無為的慈悲

原來，電影一開始父王誡訓他們兩個孩子：武術不是在戰勝，而是在需要用的時候才用。帶領我們的老師從來不用力量對付別人，而是一心一意讓學生改變習性，自發性地學習愛人，這才是真正的大自然法，這也才是真正的慈悲。從表面上看到那位同學組織動員能力超強，但是真正的功夫並不是在有為的組織動員，而是老師的慈悲與智慧。

其實我也相信，人外有人，天外有天，任何強者還是會遇到更強的。不知感恩的人，就算他再厲害，有天他所帶領的學生強大了，當與他有不同的想法時也會反他。而真正的強者是所謂無欲則剛，是真正的慈悲與智慧。

這件事也可以看到我們現在肉弱強食的國際關係，現在用武力強迫其他國家改變的，有天也會遭受武力的威脅，而真正的和平才是可能的開始，未來的世界領袖，靠的不是有為的力量，而是無為的睿智與慈悲。

世界和平加油！

【蕭紫菡舞蹈劇場——土地計畫】

我在馬路上看劇！

觀眾在馬路上看的土地劇場。蕭紫菡跟一位黑色西裝拿著雨傘的男子求情遭冷漠拒絕。

「當政府把房子拆掉之後，他們最珍惜的東西，不是政府給的那一批錢，而是在殘磚破瓦裡，他們努力想要把他們曾經用過的一個鍋子、一張年輕時候的沙龍照、一個結婚證書、一個小孩曾經穿過了衣服，再怎麼樣他都想要把它撿回來的那一刻。」蕭紫菡說。

蕭紫菡，當年不惜借錢出國習舞。如今，她不只為自己伸展躍動，也要為土地而舞。土地計畫藉由舞蹈演出的機會，把公民拉近議題現場，用舞蹈的形式讓大家一起和空間對話。

這是一個表演藝術，朋友 Rocio White 邀請我加入一個【蕭紫菡舞蹈劇場——土地計畫】臉書活動邀請，日期是二〇一四年一月十一、十二日在苗栗。基於好奇，她雖沒特別跟我提，我就主動報名參加了。

到路口，便是第一場戲碼！

風塵僕僕，我十二日搭著火車到了竹南，問了幾次公車怎麼搭，來到公義路與仁愛路口，幾位義工引導我們進入仁愛路。音樂已經響起，一排舞者穿著黑衣拿著雨傘開始跳舞。

我在人群當中，人群擋住了我的視線，我看到有個領舞者站得特別高，帶動大家舞動。人群的背後是兩位義工，默默地拖著移動式的喇叭，隨時控制著劇場的節奏，這是這齣劇的靈魂要素。

第一場舞結束，所有舞者往前奔跑上了貨車，義工們招呼大家前往仁愛路的一個岔路，這也是下一個舞蹈場地。

打壓與恐懼　高姿態與無助

這時舞者已經擺好了椅子，等我們找到適合的位置坐定位後，開始進行下一波舞劇。這場舞有幾個階段，一個領舞者在高台上指指點點之後，所有的人陷入了混亂，椅子、衣服都凌亂不堪。

蕭紫菡此時從人群中走出來，她被矇著眼穿越了觀眾。

舞者穿過觀眾，他們對於我們就像是大埔圍觀的大眾們，充滿著受到打壓後，對外來眼光滿滿的害怕與驚恐。於是他們帶著凌亂的衣服、雨傘、椅子上了貨車，前往下一站。

我們往前走，看到蕭紫菡獨自一個人站在路口，我們看到她的痛苦與無助，之後，她往前奔跑。

我們被引導到下一個地點，一位穿著黑色西裝、拿著雨傘的男子，蕭紫菡似乎跟他求情卻被高姿態地拒絕，並被推倒在地。男子收了傘，抓起地上滿佈的紙錢，一把把鋪著、引導她往前走。男子用施工的黃色告示塑膠布條綑綁她的手，作勢安慰卻推開了她，放到遠方的空地。

家人依慰與絕地重生

我們再次被引導到新的現場，這是一個荒涼的工地，義工引導我們立在音箱的兩旁好看得清楚。此時蕭紫菡被放到場地的中心，另一位男子出現，他應該是她的家人，與她互相依慰著。

這是大埔故事中的「他」嗎？他走入草叢後消失了，一群紅衣服的舞者從同樣的草叢走出來，開始進行下一場跳舞。

我不得不感佩他們的敬業，在地上翻滾。後來，舞者堆疊在一起，站起來看著躺在地上的蕭紫菡，漠然地散到兩旁……一位女子從草叢中走出來，把拿在手上的一隻木頭插在地上開始跳舞。紅衣舞者們穿起白色的上衣，他們手裡捧著稻秧，似乎象徵著一切百廢待興重新開始。

舞蹈結束，一位媽媽把綑綁蕭紫菡的束縛放開，得到新生。

我在苗栗大埔馬路上看劇，這裡有溫度。

---

i YouTube 影片【蕭紫菡舞蹈劇場——土地計畫】11／16. 17在華光！（一）
https://www.youtube.com/watch?v=cPQij_6wHOc

ii 大埔案的其中一位主角——張藥房老闆張森文房屋遭強拆，日後落水死亡，自殺或他殺眾說紛紜。

《聖境預言書》放下你的控制戲！

放下脅迫、審問、冷漠、乞憐四類控制戲的習慣，便可以從宇宙中得到能量。

「每個人都會用脅迫、審問、冷漠、乞憐等四個控制戲來奪取別人的能量，如果你希望自己的能量源源不絕，你就必須放下自己的控制戲，學習從宇宙來獲取自己需要的能量。」

常常，我在分析某些朋友遇到的困擾時，我會這樣跟對方分享，而放下控制戲的說法，就是來自我大學時代就讀過的《聖境預言書（*The Celestine Prophecy*）》。有影片可以初嘗，如果要仔細品味，可以試試小說版唷！

內容簡介（遠流）

《聖境預言書》是一部以烏托邦冒險故事為架構，主旨在於洞見未來的小說。內容描述祕魯雨林中發現了一部古老手稿，其中預言人類在歷史文明發展的過程中，將循序掌握九項覺悟，並在第三個千禧年，邁入一個高度靈性開發的地球文化聖境。

不過這部影響深遠的手稿，卻因為啟發個體自主、威脅舊有權勢，而為政治、宗教界所不容。主角在機緣中捲入紛爭，擔負起尋找及保護手稿的責任，並在尋找、追尋的過程中，帶領讀者循著手稿的覺悟，省思與實踐生命的真諦。

本書寓涵多層次的閱讀享受。它可以是冒險故事，也可以是趨勢預言，也可能是開發你生命新境界的一把鑰匙。

我們都會不自覺地使用控制戲取得能量！

這本書最引人入勝的地方，除了精采的故事內容讓你很想知道作者會發生些什麼事，其中引導的覺悟過程，也會讓你反思自己的體會。

就像是書中提到手卷的「覺悟六」，結束控制戲。我們都會不自覺地使用脅迫、審問、冷漠、乞憐四類控制戲取得能量，有時候會混雜在一起使用！A如果使用脅迫的控制戲在B身上得到能量，B可能使用冷漠或乞憐，也可能用脅迫還是審問來反過來從A身上得到能量，這樣的過程不只在工作場合，可能我們與家人的互動也常常會演上這樣的戲碼。

其實，我們都可以不需要利用控制戲來得到能量，而手卷的這個「覺悟六」，指的便是我們要放下控制戲的習慣，從宇宙中得到能量。

昇華自己，學習放下控制戲！

與其說是推薦這本書，倒不如說是想跟大家分享我自己放下控制戲的學習經驗，每每我與別人互動感到匱乏之時，我便會想到這本書提到的，每個人都習慣使用控制戲得到能量。

每當我回憶到這段過程，我便會反思，我還要這樣與對方互奪能量而感到匱乏嗎？我心裡的第一個浮現的聲音就是：放下控制戲，找回真正的自己吧！真正的自己不垢不淨，沒什麼好匱乏與污染的。於是我找回了原點，放下要奪取能量的衝動。

放下控制戲，還有一個好用的方法，就是專注於當下，不貪戀過去的成敗、不執迷於未來的得失，不陷於現在的環境與問題。唯有活在當下，才有辦法解脫想從別人奪取能量的習慣。

願每個人都可以因為放下，而找到真正的自己與自由！加油！

《以愛之名：翁山蘇姬》堅定的溫和

翁山蘇姬是堅定的溫和，像在地面縫裡面長出的小草，柔和而堅毅不屈。

在緬甸這個陌生的國家，有位諾貝爾和平獎的民主鬥士——翁山蘇姬，她倡議用和平的方式推行民主制度，看過楊紫瓊演的《以愛之名：翁山蘇姬》便會深受感動。翁山蘇姬在面對軍政府課題上，她選擇的是孤獨而勇敢的改革道路，這與徐欣瑩走出舒適圈、帶領民國黨一樣艱辛，徐欣瑩在翁山蘇姬七十歲生日前遠赴緬甸為翁祝壽，具有很深遠的意義。

因為，他們都是「堅定的溫和」。為民主自由的真諦加油！

堅定的溫和——以和平方式推動民主

翁山蘇姬，生於緬甸仰光，是緬甸非暴力提倡民主的政治家，全國民主聯盟的創辦人之一、主席兼總書記。

翁山蘇姬父親在她小的時候被政敵槍殺，在一九八八年緬甸人民發起反抗軍政權的遊行示威，很多受害者、激進分子和退役高級軍官，要求她出來領導民主運動，因她深受聖雄甘地的非暴力理論影響，翁山蘇姬開始參與政治，並致力於推行民主制度。翁山蘇姬面對軍政府的鎮壓，鼓吹和平與理性，要她的支持者不要以暴力與軍政府相向。

法國導演兼製片盧•貝松，將翁山蘇姬拍成一部電影《以愛之名：翁山蘇姬》，而翁的角色還是找我們華人所熟悉的楊紫瓊飾演的，朋友說：「楊紫瓊特別為這部電影去瘦身。」楊在《以愛之名》這部電影裡可說是神韻情感皆到位，值得一看。

在軟禁中獲得諾貝爾和平獎

翁山蘇姬一九九〇年帶領全國民主聯盟贏得大選勝利，但選舉結果卻因她家人有非緬甸國籍為由被軍政府作廢。其後二十一年間，她被軍政府斷斷續續軟禁於寓所中長達十五年，受各界人士與國際特赦組織持續援助，在二〇一〇年十一月十三日緬甸大選後終於獲釋。

一九九一年，正被軟禁的翁山蘇姬獲得了諾貝爾和平獎。

無法親自前往挪威領獎，只好讓兒子代替自己發表了答詞：「在緬甸追求民主，是一個國民作為世界大家庭中自由與平等的成員，過一種充實全面、富有意義的生活的鬥爭。它是永不停止的人類努力的一部分，以此證明人的精神能夠超越他自然屬性的瑕疵。」

非以「反對他人」態度，走自己和平的民主道路

她與父親翁山將軍的政治理念不同，翁山蘇姬支持、推廣「民主國家發展」，而父親則朝向「共產國家發展」傾向社會主義。我想這與她不批評中國共產黨的人權紀錄，甚至於二〇一五年六月十一日與中共領導人習近平碰面亦有關，而這樣的舉動，被西方認為是光環褪色的人權鬥士。

我倒認為，翁山蘇姬不走像劉曉波的「反對」道路，反而選擇的是「孤獨而勇敢」的改革道路。

翁山蘇姬所領導的「國家民主聯盟」NLD，今年十一月選舉過後，很可能從反對黨躍昇為執政黨。屆時，無論哪個黨派上台，處理與緬甸最大貿易夥伴中國大陸的關係，都是該國無可迴避的重大經濟課題。

兩黨黨魁——徐欣瑩會晤翁山蘇姬，以愛之名、無私奉獻的精神推動新局

徐欣瑩主持民國黨，推動「政黨合作不再惡鬥」，因為處於台灣長達二十年以上的藍綠版圖政治生態中，確實也是一條孤獨而勇敢的改革道路，很多委員看到徐，亦稱其令人感佩。徐欣瑩在翁山蘇姬七〇歲生日前，赴緬甸祝壽。同樣以愛之名、無私奉獻的精神，為台灣走出政壇的新格局。

採訪特集

交朋友如同讀一本好書，
也像是聆聽悠揚的樂章，
亦是累積人生的儲蓄。
交流彼此的夢想，
也精彩彼此人生。

魏建彰

受歡迎的援手／圓手哆啦Ａ夢

魏建彰愛情長跑十年結婚，自許自己是小叮噹，可以解決各方面的問題。

這篇訪問所介紹的夥伴也是非常特別，因為他每次如果在活動中介紹到阿寶，都會說：「這位朋友，我認識他三十幾年了！」一個朋友要認識三十多年不簡單吧！請各位客官慢慢品味唷！

認識小叮噹　從他的理想談起

「大家好！我是小叮噹，我的綽號是建彰！」這就是他簡單的自我介紹。

說到小叮噹的由來，一開始是因為小叮噹這部單純的卡通，後來因為在出考卷時，都會在考卷加上小叮噹的圖案。又因為大家都知道他喜歡小叮噹，也期許自己也能跟小叮噹一樣，可以解決各方面的問題，所以就有了這個綽號。

小叮噹演講的時候，首先會加一張自我介紹的投影片，把從小到大的經歷列出來，通常最後一項就是「彰化縣縣長」，也就是未來會從政。

國中時候的理想是當老師，大學真的如自己的理想去高師大念書，現在也如願當了東海大學附屬高級中學（簡稱東大附中）國中部的老師。不過，大學參加社團之後，尤其是二〇〇〇年領袖會創立，理想產生很大的變化——「想要從政」。

之前的助選經驗，讓他看到社會很現實的一面。小叮噹在自我介紹的過程當中，都會告訴夥伴們，自己為什麼沒有被現實影響而堅持理想。也是因為這樣的經驗，他開始覺得自己需要再進修，後來投考公共事務在職專班碩士班時，需要準備行政學與政治學，雖然完全沒碰過，卻剛好是興趣所在。

高中開始　社團就非常地活躍

說到社團的經驗，真的非常豐富：

一、高一參加康輔社；

二、高二參加播音社，這是一個很有趣的經驗，他們社團錄製好音樂，在中午的時候播放給全校聽；

三、高一高二，兩年內主辦過班上三次聯誼；

四、高一升二與二升三的暑假，參加在苗栗與澎湖兩次救國團育樂營；

五、大一參加高中的返校服務隊——小蝸牛服務隊，也是很重要的活動經驗基礎；

六、大一下學期當班代；

七、大二當了系活動長；

八、大三當了學生會執祕，此外還在校友服務隊小蝸牛當了隊長；

九、大四再次當了班代，也是永久班代。

從高中到大學，累積了很多重要的活動經驗，超過不下百次。

小叮噹分享一個很特別的經驗：在大一剛進去的兩天新生訓練，就主動去認識全班三十六位同學，本來大家推選他當班代，因為功課因素推辭下，才延到下學期擔任。

此外，小叮噹特別強調，並鼓勵所有朋友們在大學時期，除了課業要顧好之外，一定要找到培訓自己的方法，讓人生過得更有意義。

長距離又長時間的愛情長跑

到二〇〇八年十月，小叮噹與秀婷小丸子交往滿十年，步上了愛情長跑的另一個階段——婚姻，並生下一位可愛的兒子，我們都稱他小哆啦。他們兩個人的感情，經過很多時間的長距離戀愛，大學沒有手機，也沒有隨身碼，「至少收集了百張的電話卡。他們的戀情，既是長距離又是長時間的愛情長跑。

交往第二年，開始有吵架，不過，小叮噹認為吵架是必要的，能對彼此的想法更加清楚。對於找男女朋友，小叮噹認為需要有共同的理想與目標。交男女朋友時，要看對方的優點，但是如果要結婚，就要接納對方的缺點。至於怎麼接納呢？其實有一部分是習慣就好。

對於新的戀人們，小叮噹建議不要太執著，因為要像他們一樣長時間的愛情長跑，也不是每個人都有機會遇到的。

i中華電信推出一個隨身碼方案，可以不帶任何手機與電話卡，只要可以撥0800的電話（當然包含公共電話），都可以用個人的帳戶撥給對方，像室內電話一樣每個月收帳單繳費。

何佩珣

樂閱讀、輕旅行

是什麼樣的朋友可以通三年的信呢？這篇人物專訪，就要跟大家介紹這位跟阿寶感情超好的表妹——佩珣。二〇〇八年採訪她的時候，家裡有隻狗叫 *Magic*，自從牠來家裡之後，帶來很多笑點，家庭關係好很多，是家裡的潤滑劑。現在，佩珣要照顧兩位寶貝女兒，已經沒有時間養狗了。樂閱讀、輕旅行是她的興趣，聽得我如癡如醉。

表妹佩珣之前家裡有隻狗 *Magic*，是家裡的潤滑劑。

看小說就像旅行　也是解壓劑

佩珣的興趣是看書，喜歡字多的書是阿寶以

前最不能理解的，「我喜歡日本作家吉本巴娜娜，其實真的很難將她的書歸類，硬要說的話，我會說是療傷系小說吧！她的書就算是看了好幾遍，還是會有不同的哀傷」，「看小說是一種旅行，別人花一兩萬去旅行，但看書，只要花二、三百塊，就好像去旅行一樣，身歷其境。」像家裡有一套金庸的小說，「金庸的書是一部一看就停不下來的書」。

「當工作很煩，看書好像可以暫時讓你離開現實世界的感覺」，所以，書本就有點像是解壓劑，如果沒有被帶進書中世界的效果，「就馬上換一本」。佩珣看書就忘，所以有些書看很多次還是有新的感覺，「不過，還是買很多書」，呵呵！

省下小錢去旅行

「哇！好可愛！」看到佩珣筆記裡面有去韓國的照片，阿寶羨慕地大叫。印尼、北京、韓國、馬來西亞、泰國（出差）、菲律賓（出差），佩珣常常跟舅媽去旅行，幾乎已是旅行達人的境界，「媽媽對不該花的錢就覺得不要花，比如騎車騎遠一點，可以把銀行轉帳的八塊錢都省下來，如果被媽媽發現我有花這樣的錢，就會被罵」。

她有一段時間曾到澳洲遊學。說到旅行，她印象最深刻的就是澳洲，「學生沒錢想玩，自然會有省錢的方法，澳洲有『背包客』的風氣，很簡單的，畢業之後跟男朋友去南邊的一個島自助旅行」，「找便宜的飛機票，便宜的住宿」，「如果你是一個遊客，當你在路上需要幫忙，一定會有人主動過來問你，不會很冷漠。」這個也是她很喜歡澳洲的地方。聊著聊著，阿寶也分享起紐西蘭的旅行，感覺跟澳洲的精神生活很接近。「外面下著雪，大家坐在火爐前一起喝咖啡……」佩珣描述著澳洲的生活，感覺整的人都飛到那裡了。

「印尼很漂亮，綠色的海，去那裡玩潛水」，「要（潛）下去就用手比OK」，雖然語言不通，但是用幾個簡單的肢體語言，就可以讓教練帶他們潛水。佩珣跟妹妹佩茹也去香港玩過，「東西很好吃，從早一直吃吃吃，吃到晚上」。

找到可以一起生活的感情

「感情方面，要選一個可以一起生活的人」，「因為談感情之外，在事業、興趣等等總會有很多自己想做的事，不喜歡花很多時間心力去處理感情的事，感情應該是有陪伴，但是也有自己的目標與生活」，「對的時候，就會知道了」。

二〇〇八年當時採訪的佩珣還不想結婚，主要的原因，是因為「談戀愛是兩個人的事，但結婚是兩個家庭的事，結婚有多很多義務要承擔」。三年後她終於找到一個對的人一起步入禮堂，現在已經是兩個寶貝女兒的媽媽了。

許晉銓

新世紀國際傑人會・領袖會理想的再延伸

一次台中市新世紀國際傑人會（以下簡稱國際傑人會）在彰化縣文化局舉辦的歌唱比賽活動，小叮噹是當時國際傑人會的祕書長，而我因為另一個朋友小翔是主持人而受邀參加。它是個老外的歌唱比賽，內容是唱中文歌，並要說怎麼愛台灣，決賽的前三名分別有六萬、三萬、一萬元的豐厚獎金，吸引很多在台灣優秀的外國朋友參加。

許晉銓與諾貝爾創辦理念合影。

我因為感動，所以邀約採訪國際傑人會的創辦人、同時也是會長的許晉銓博士，希望可以了解他創辦國際傑人會的理念與想法。很長，不過很精采，歡迎大家一起分享唷！

阿寶（以下簡稱寶）：為何有國際傑人會？草創過程如何？

許晉銓（以下簡稱許）：最早之前是有一群領袖會的夥伴，在領袖會培訓當中受到激發，體驗到對社會的責任，所以希望更進一步地參與社團組織。透過優質的活動，讓世人了解領袖會幹部的特殊性。讓他們對領袖會的理念開始產生好奇。

活動過程中，必須要跟政府、企業與民間團體互動，因此能讓領袖會的幹部更有歷練。藉由國際傑人會的活動，讓領袖會的理想，可以進一步地在社會中實現。

寶：為何選擇國際傑人會來落實領袖會的想法？

許：領袖會的教育是落實在全人格的教育。因此，那時候我們參訪了多個現有的社團（同濟會、獅子會、青商會、扶輪社等等），因為這些社團都有其任務導向，選擇理念相同的社團成為我們重要的考量。國際傑人會是在這幾個團體裡，比較注重人格教育的，從四維八德延伸到最崇高的人格，而且國際傑人會是台灣唯一一個華人自主的社團。因此覺得這樣的理念跟領袖會的理想比較接近，比較容易結合與發揮成立社團的目的。

寶：台中也有其他的傑人會分會，許會長成立的這個『台中市新世紀國際傑人會』有什麼不同的地方？

許：其他的分會在排場、資金的部分都做的很好，提供工商團體很好的聯誼活動環境。而我們這個分會希望再增加更多內在的、精神的理念提升，讓傑人會的精神主軸（崇高人格的教育）可以更凸顯。國際傑人會希望輔助台籍學員重拾五、六〇年代善良純樸、認真打拼的台灣精神；在台灣逐漸發展成時尚卓越的科技島時，仍能保有尊天敬人、好善助人的高尚人格，在台灣創造一個正向積極、求變創新並能兼顧永續經營的社會價值。

寶：對於上次參加國際傑人會的歌唱比賽決賽，我印象比較深刻的是，領袖會辦的活動比較少像這次活動一般提供前三名豐厚的獎金，不知道許會長對錢的部分有什麼想法？

許：比賽以獎金的方式，一方面是方便炒作，一方面是可以吸引真正有才華的參賽者來接觸我們這個社團。比如有個參賽者他有極高的民族優越感，在台灣都是說英文不學中文，為了參加我們的比賽而放下身段練起中文，反而讓他可以更進一步地發現台灣之美與中華文化的精髓。

錢的部分，我們會進行企業募款，希望參與的夥伴只要專心辦好活動，並讓參加的朋友藉由優質的活動有深刻的感動，而不用擔心、困擾活動在錢方面的花費。

寶：國際傑人會成立已經兩年了，不曉得您有什麼樣的收穫與心得？

許：舉辦這樣深入社會關係的社團，讓我們接觸到有很多人，他們在事業經營與生活態度上，有許多值得我們學習的地方，讓我們在社會服務上看到更崇高的視野與務實的做法。而深入地與傑出長輩互動之後，了解到我們除了要有像天使、菩薩一般的心之外，更要有智慧行的方法，尤其能學會用同理心，了解每個人在生活不同面向所遇到的困難，才能真正輔助所有幹部同步成長。

寶：在國際傑人會的推動上，有沒有什麼比較大的困難、瓶頸？

許：國際傑人會成立之初，需要花費不少的時間與會友溝通，尤其建立團隊的精神文化最為關鍵；畢竟，思想就是力量，當會友失去理想、失去心念的動力，這團隊是無法持續運轉的。這些挑戰，考驗著我個人，也考驗著整個團隊所有會友。

我很感恩我們的會友，也以他們為榮，因為大家可以一起在短暫時間內整合眾人的想法，在創會之初就決定挑戰舉辦「老外說唱台灣謠」的活動。這個決定雖然讓大家感受時間的緊迫，卻更加速大家建立可貴的革命情感。

寶：國際傑人會的成果很亮眼，會不會有機會跟領袖會結合辦活動？

許：在與領袖會合作的部分，國際傑人會成立大會時，我們就曾經邀請當時領袖會的祕書長余艇教授出席，讓他了解國際傑人會的理念，雖然目前沒有具體的合作計畫，但是我們還是有持續與領袖會做溝通與分享。

寶：國際傑人會在近、中、遠程有沒有與領袖會一樣，致力培育三大領袖（政治領袖、企業領袖、宗教領袖）？你們的藍圖或構想是什麼？國際傑人會在三大領袖教育中，是否有與領袖會合作的可能？

許：這個部分是比較可能（與領袖會合作）的，領袖會是要培養政治、企業、宗教各方面全方位的領袖，因為傑人會中有許多在社會企業成功的領袖，所以可以協助領袖會的畢業社青幹部，在人生規畫與事業發展上，有更多的資源。目前領袖會的顧問、師資、董事的社會資源在學術界比較豐富，只有少數一兩位在企業，一兩位在政治算有資源，從這樣實際點分析下，傑人會豐富的人才資源確實可以協助領袖會的會員。

如果領袖會的夥伴有人願意嘗試這樣實務的社會活動／運動，國際傑人會很願意提供這樣的平台。比如我現在擔任會長，可以認識國際傑人會總會或其他分會的一些長輩，藉由他們的輔助，讓我可以在經營媒體公共關係、機關團體上增加許多的歷練，並累積許多的社會資源。

光是看領袖會會長在各個宗教、政治、經濟的人脈關係，你就可以知道，成功的宗教領袖不是在象牙塔裡面，自己在某一個門派中當一個很高的服務人員，就算是一位宗教領袖。現在全世界有影響力的宗教人士，他們在社會上擁有很強大的人脈關係，並有與相關社會機構互動互信的基礎，他們才足以用宗教領導人的身分對社會產生實質的影響力。有了這層社會互動關係，我們才能更深入了解人間疾苦，就像如果沒有接觸過吸毒犯，我們可能無法真正了解／理解到他們無法專注的無奈，無法理解身體各方面的誘惑是如何地痛苦，我們便很難用同理心去包容他們。或比如某些人很感性、很享受物質的感受，如果一直跟他強調理想，是很沒意義的，甚至只會讓他增加更大的距離感。我們並不是同流合污，而是展現對他困難的理解、包容，才更能夠引導他們走正確的方向。

寶：有沒有什麼老闆／長輩是用比較冷嘲熱諷的方式來打擊你？或用尖銳的動作／話語來挑戰國際傑人會比較高遠的理想（如世界和平）？

許：冷嘲熱諷其實也是有的。一開始，一些長輩也是說，你們這麼小的社團做不起來，第一年要辦這樣的活動怎麼可能，「我以長輩的經驗告訴你，你把會友照顧好就好了，多做些聯誼活動，把資金募到，當個散財童子，有個世間的名號就好了。」這是一般的長輩、一般的社團運作的模式，所以有點看衰我們。

有一次我參加傑人會世界總會的理監事會，世界總會的會長把創會的理念加以闡述，把四維八德的意義轉換成西方人可以理解的語言，於是後來在新會友的座談會中，我們請資深的長輩來活動中介紹國際傑人會創辦的理念、五〇年前會長的使命和想法。對這樣的做法，長輩們的反應是百思不解的，我也很訝異，長輩來我們這樣活動時是用很輕蔑的態度，認為現在怎麼還會有人想知道這麼八股的東西，「現在沒有人在聽這個啦，現在活動吃吃喝喝開心就好啦，聯誼就好了，你別想這麼多。你說這些東西，後面的人接不上，沒有用啦！」我通常用半開玩笑的幽默方式處理那個尷尬，『對呀，所以邀請您來指導我們才知道。』

有理想的人受到冷嘲熱諷是一定的，我們很清楚，有理想一定遭受到阻礙，要看你能不能堅持下去。而且，我們（國際傑人會）並不會用很八股的方式講理念，而是用台灣的影片，『這是我們生長的故鄉』，我們用影片去喚醒每個人內在的靈魂，『我們能夠生長在台灣是很珍貴的！我們是可以有抱負有理想的！』用這樣的方法去勾起他們的信念，一開始連國際傑人會不是核心的夥伴也半信半疑，「疑」是覺得可能做得起來嗎？後來的「信」是因為他們看到核心這幾位幹部眼神是發亮的、是篤定的，所以他跟著做，當然他們也吃了一些苦，比如從晚上十點開會到十二點甚至一、兩點。他們一個個被感動影響，這就是我們所希望的，以這樣的方式展現禪行者的風範。

寶：所以在這互動當中，你學到了什麼？

許：理念越崇高，越需要提供追隨者具體的方法，最高境界的理念，是要讓他們在活動的過程中去認知與探索到它的價值，而不是用上對下灌輸命令的方式來壓迫，讓他們痲木地知道。這兩個最大的差異在於，如果你是藉由一個方法、一個活動、一種互相合作的方式，讓他認知到世界和平對他來說多麼重要，世界和平對是世界上一些基礎的問題有解決的方法，世界和平是需要藉由相互了解溝通才能達到，他們會在參與活動過程當中去感受這個議題的價值，而且去擔任這個議題的推動者。而不是我們一直闡述理想，而他們卻要去做很空泛的事情。

劉哲瑋

環保聯盟與公民監督國會的青年尖兵

我有許多朋友，與他們談得來的原因，是因為他們有自己的理想，並堅持自己的理想，這對理想的阿寶來說是特別容易產生共鳴的。這篇文章要跟大家介紹的這位朋友，也是之前我參加的一個活動【友善之旅】（參閱本書第十三篇文章：自然農法耕作）的主辦人劉哲瑋，這天我與哲瑋在中山大學聊了很多，我發現這樣務實的推動理想，真的很棒！為理想奮鬥，也是我最嚮往的生活。歡迎一起分享。

劉哲瑋不僅對環保熱衷，也對公督盟於公共議題探討上甚為關心。

啟蒙，參與環境保護運動

劉哲瑋（以下點稱劉）：我讀工業設計的，會走進環保運動有點誤打誤撞，大三下的暑假，覺得在學校單純做設計有點空虛，因此希望能將設計能力結合有意義的議題，那時環保這一塊（議題）很吸引我，因此參加了環保聯盟總會培訓的活動。本來去是希望學習環保的知識，可以運用在設計上，沒想到培訓的內容都是公共事務，自己的熱血也被點燃起來，就一頭栽進環境議題，走進這個圈子。

二〇〇六年培訓結束後，有一個環島旅行。因為上課地點在台北，但是議題現場大多是在中南部與東部，像現在正熱的台東美麗灣，台灣最後一％的天然海岸線——屏東阿塱壹古道，以及雲林古坑——湖山水庫開發案。

到了議題現場，實際讓自己感受大自然與深入了解在地人的想法，就覺得想要再多了解一些。因此，大四的時候只要時間有空檔就會去參加活動。大五延畢，當時環盟祕書長何宗勳找我幫忙環盟的美宣，才開始踩進非營利／非政府組織（NGO）的行政運作。二〇〇八年一月，何宗勳祕書長轉任公民監督國會聯盟（簡稱公督盟）執行長，也邀請我去參與。

深入，公民監督國會運動

公督盟是由五十幾個團體促成的聯盟，除了環保議題外，還有司法、人權、兩岸、社會福利等等各式公共議題，「我從二〇〇八年二月直到十月底去當兵，都參與公督盟運作，開始對政治有比較深入的認識。」

劉：公督盟基本上不碰個別議題，主要是關注原則性的方向，在乎的是立委的基本表現，如，有沒有專業問政，有沒有不當護航等等，因此研發評鑑指標，企盼把立委問政表現質量化，提供全民參考。

阿寶（以下簡稱寶）：這五十個團體是怎麼湊在一起成立公督盟的？

劉：社運圈彼此都會相互聲援，時機成熟後，就成立公督盟。

寶：你有看過商周之類的立委評論嗎？覺得如何？

劉：他們多從專家、記者個人印象角度切入，比較沒有長期的客觀量化指標與匯聚廣泛的民眾意見。公民監督國會聯盟的取名，重點就放在公民，訴求各行各業都可以參與評鑑；當然，還是會有專家學者，因為需要建立一套指標，把一個標準套在立委身上，但是讓全民打分數。

寶：指標應該可以修正吧？

劉：每次評鑑之後都會修正，接受各界指正（尤其是立委方面的建議），因為不可能一次到位，經過第七屆的八個會期（一年有兩個會期），相信指標會越來越可行。

反思，公民頭家與立委公僕

劉：評鑑分數不佳的立委就會對公督盟很感冒。

寶：因為你們碰的是很敏感的話題，當然會有人支持有人反對。

劉：恩。這很有意思唷！我們要去思考，公民與公僕之間的關係，總統、立委是公僕，我們是公民，是頭家，應該是公民為大，頭家監督公僕是很天經地義的事，怎麼不能監督？

但是你會發現，選舉時候選人低聲握手懇請惠賜寶貴一票，選上之後就完全不一樣了，有些立委會覺得，公督盟有不公正的立場。

寶：因為（評價結果）會影響他的選舉。

劉：這是當然，因此他會給你（公督盟）貼標籤，他有這麼多選票支持他，你只是某某聯盟，怎麼代表民意？他不想被你監督，他會質疑你的色彩。不過有時檯面上劍拔弩張，檯面下都是好朋友啦！

寶：做給選民看的？

劉：某部分而言，可以這樣說。在立法院打架也是一樣，你看新聞以為打得很大，其實都發生在主席台。鏡頭之外，才沒那麼激烈……

所以，公督盟就是希望國會的監督可以由公民直接來做，不需要靠媒體的剪接。經過媒體的剪接與渲染之後，會把不關緊要但媒體自己覺得有議題性的部分放大，可是真正重要的卻被忽略了。

有時候革命的帶動者　需要靠外圍的力量來改變

「還有一個現象，如果團體需要改變，但內部卻有很多人不願意改變。內部想改變的人沒有一個師出有名、或強大的內部力量支持他時，他要硬推很難推。每個結構裡都會有既得利益者，你要怎麼推動這群既得利益者，將阻力化為助力，很需要智慧；內部不可行，或許就要求助外圍、群眾的力量來支持你去改變，民意不可違，在上位者如果有心，有了民意支持，順水推舟很快就成了。」

哲瑋提到國光石化設廠彰化的事件，環保團體持續做了許多報告，卻依然在民進黨執政時被定案，而馬英九上台之後，民進黨則加入環保團體的陣營，讓民意高漲，終於反對成功。

「對於環團而言是改革成功，但是也證明了政黨的不可信賴。」哲瑋說。

堅持環保的農園推手——綠農的家

最後，我們談到他現在的工作，綠農的家（臉書頁面上清楚的寫著宗旨：無毒只是基本人權，生產過程友善環境、交易過程友善農民才是我們的核心價值！【綠農的家。訂購平台】，「從事這樣的工作，是我非常欽佩哲瑋的地方，因為他們主動找了與他們理念相合的農友，並推廣他們無毒友善環境的農產品，我會參加【友善之旅】五溝水濕地＋大武山下有機農夫拜訪，便是這次採訪時受哲瑋之邀感動參與，參加後收穫果然很多！

我也誠心地邀請網友們一起支持重視環保的農業，把自然與健康還給大地，大地健康了，等於也照顧了我們自己的健康。

「綠農的家網站：www.greenff.com.tw

茆昔文

成為一位專業勞工政策分析人員

茆昔文立志成為專業勞工政策分析員，經過快十年，二〇一七年已經是勞動部科長。

這位朋友，已從一九九〇認識至今，因為他是阿寶國中的同學。在中壢念書時，幾次去台北找茆昔文，都是借宿於他的宿舍，每次我們總是這樣促膝長談，而當天阿寶就睡在昔文鋪的地板上。

台北因地價貴，都是雅房比較多，同一層大多共用一間浴室。一個月不含水電費得要五千元的住宿費，真的好貴！「這裡是台北，好嗎？而且居住的地點附近夜市、大賣場距離都不到二〇〇公尺，很划算了！」昔文這樣回應著阿寶驚訝的反應。

豐富的工作經驗

茆昔文曾擔任過兩任部長的祕書，二〇一五年底成為勞動部勞動條件及就業平等司科長，業務跟勞動基準法有關，他也常常代表勞動部與陳情抗議民眾對話，及參與法令的修正。說到工會的組織，昔文曾跟阿寶解釋了一推，但因為很多並沒有真接觸過，還真的一聽就忘。

說到工作經驗及經歷：

一、大學念暨大社會政策與社會工作學系，三升四暑假就曾經在台北羅斯福路上的勞工保險局實習過一個半月；

二、大學畢業後到台灣省總工會工作一個月後，隨即入伍當兵（二〇〇一～〇三年）；

三、於軍中服役時，剛好二〇〇二年高考勞工行政類科沒缺，二〇〇三年三月退伍後，花了半年時間準備人事類科但沒考上。還好因為二〇〇二、二〇〇三年台灣失業率高達五％，參與了經濟部委託財團法人中小企業協會辦理擴大就業服務方案，因此有機會在該協會中擔任策略聯盟專員的職務；

四、白天在協會工作晚上還要補習，昔文二〇〇四年二月中辭了工作，準備了兩個月，幸運地考上台大政治所，他沒停下來，積極準備七月再考高普考，於是九月放榜考上，那時候因為已經考上研究所，申請保留高考錄取資格一年半，先修研究所學分。

五、那時候半工半讀的茆昔文，在人事行政局工作一段時間，雖然在考訓處考核獎懲科，有機會常到行政院協助處理些幕僚工作，但是對於人事局的工作氛圍很難以適應，讓他想換部門，尤其相當希望轉換勞工行政的職缺。

昔文工作過程也曾經投過很多履歷，包含台大、政大的一般行政職缺，但都沒被接受，或許是因為過於年輕被認為定性不夠，連面試機會都沒有。

踏進為勞工服務的領域

最後，投了履歷到行政院勞委會職訓局（職業訓練局）、勞保處（勞工保險處），因為一些因素沒法進入比較屬意的勞保處，因緣際會到勞委會的勞資處服務，而有了一些完全不同於過往的人生經歷，有機會接觸到一般人沒有機會認識的工會幹部及人際的磨練，但也許這是上天給他的另一種機緣吧！

父母是勞工，這是他後來希望進來勞委會這個領域很重要的原因。

大學唸的社工，服務領域很多：老人、婦女、青少年、勞工，勞工領域算是茆昔文比較喜歡且希望接觸的群體。

「若直接服務這些客戶，我可能會因為情緒控制太差，而造成對服務案主的傷害……。」

昔文說出他不適合直接服務的原因，而受訪時做的工作是政策方面，算是間接服務的範圍。而那時念的台大政治所的公共行政組，也跟工作息息相關。

透徹事件成為工作興趣與成就感的來源

「當看到新聞，你不只是看到新聞的表面，可以分析一件事情、理解背後的因素、在複雜的因素裡面找到解答。」

這就是在這件工作中可以得到的成就感，就是因為了解比較多，所以也比較透徹事情的全面。昔文希望未來可以有機會進修，進一步到政府或民間的智庫工作。

不過，說到很多社會的演變，昔文總是有些感嘆……。曾經在會議中看到政府首長跟勞工代表，為了勞工保險制度由一次退休給付轉變成年金制度，相互喊價，讓他深刻體會到制度的建立，其實是相當不容易，很多政策在行政部門內部、外部，甚至跟立法部門溝通，不只需要時間，還需要耗費不少成本。

溫雅惠

「好樣的，這麼有良心的老師。」

溫雅惠帶學生充滿體貼的愛心，《我的同學——來雄》便是她帶的班級所製作。

網路上的影片《我的同學——來雄》，這是九十七年廣播電視小金鐘入圍作品，看完了之後我寫了一篇網路文章推薦給大家，因而結識了來雄的老師——溫雅惠。我約了幾位朋友去溫老師家拜訪，聽到很多關於來雄的故事，獲益真的良多呢！歡迎一起來認識溫雅惠老師，很棒的好老師！

《我的同學——來雄》拍影片背景

「來來來，有問題的學生都來我這裡，不愛唸書的都來我這裡，校長教他下棋做事，讓老師們能順利上課，不受干擾。」

已經退休的前任校長——汪體臺校長，開會時面對老師們提出來的困難時所回應的一句話與概念，讓溫老師感動許久，促成了雅惠老師積極為來雄找一個舞台、展現學業以外的優點、找回自信的強烈動機，也醞釀記錄這個主題的念頭。

來雄在班上因為上課聽不懂，所以會在課堂中走來走去，溫老師用漸進式的約束與包容觀察他，先不談補救教學。一開始的時候，同學不太能接受老師的個別化，「怎麼他可以走來走去，我們卻不行。」老師用同理的柔軟心，在來雄不在班級的時間，告訴同學們：來雄並沒有比大家不聰明，而是因為種種因素，讓他功課上無法有很好的吸收，同學們漸漸地可以接受。

有時候老師藉由請來雄幫忙倒一杯水支開他的時間，向同學們說明老師這樣做的動機與用意。後來只要有同學被老師請去辦公室倒開水，回來就會疑神疑鬼地問其他同學，「老師有跟大家說我怎麼樣嗎？」呵呵，現在的小朋友可真機伶呢！

在對的位置上看到他的價值

從一些已發生的生活小事判斷，溫老師認為來雄的成績不好應該不是智商的問題，而是長期文化刺激不夠，造成個性木訥，不知道怎麼與人相處。他以前跟同學發生不愉快，只動口淡淡地說，就讓隔壁班的同學氣得動手打班上的同學，所以班上同學也認為來雄不笨，沒有智力問題，生活能力也沒有問題。

來雄對溫老師的提問，答覆總是「不知道。」溫老師總希望他能勇敢地表達：「我想要。」後來因為來雄很會畫卡通畫，希望能讓他重燃起學習的欲望，就讓他上課時用教室的電腦打注音，搜尋自己想要的圖樣，這是語文拼音能力的訓練，在網路找到圖來畫，這是視覺藝術描繪能力的培養。有些同學看到他上課可以一直上網，把教室當網咖，下課還可以一起去打球活動，做自己想做的，會羨慕地說：「好好喔！」漸漸地，來雄已經可以對溫老師說：「下一節課，我想要……。」

「上課看這裡。」溫老師提醒大家不要把注意力放在來雄身上。其實，會羨慕來雄的也是少數，大多的同學都懂、也能體會來雄的困境，甚至下課的時候，同學還會關心他找的狀況，甚至給他建議還可以找什麼來畫，也會教他拼音，你一言，我一語，不知不覺下課十分鐘，來雄還在學著拼音。久了，大家也習慣老師對來雄的各種怪策略，也就見怪不怪了。

本來溫老師想爭取讓來雄來畫學校的大門，但是不了解的大人們，難免擔心破壞學校門面，所以後來爭取到了角落的資源回收場。溫老師希望讓他因為畫畫產生存在感與成就感，也希望因為付出，對童年和學校多一份回憶，就像小叮噹給大雄的回憶製造機。

長久以來，升學主義掛帥，大部分的人不得不向分數靠攏，像溫老師這樣帶領學生，真的很令人感動。

兒女是家裡的孩子　學生是學校裡的孩子

溫老師會對學生這樣，是因為把學生當作自己的小孩，只要學生在學校的八個小時，溫老師希望學生，「有任何問題不要找家裡的媽媽處理，而是找學校的媽媽（指她自己），不要煩她（家裡的媽媽），你（指學生）八小時找我，回家以後，你（指學生）就找你家裡的媽媽。」

所以，學生家長漸漸與溫老師達成這樣的共識與默契，學生有問題時，是溫老師打電話給他們，而不是學生打給他們，即使撥電話，也是透過溫老師的行動電話，因為「我也不希望上班的時候自己的小孩打來，會影響我的工作，會影響心情。我工作的時候，我就專心做好我的工作，我的工作，就是帶好大家的小孩。我的小孩在我工作的時間，也有其他老師來帶好他。希望整個社會是這樣分工，我自己先做起。」

這個觀念是我第一次聽到，真的很寶貴、很棒的觀念。

「妳好樣的，我沒想到妳是這麼有良心的人。」

問到學校對這樣的學生不會給升學壓力嗎？老師說：「還好吧！北勢國小對學生的功課比較不功利，老師們對功課有問題的同學，處理與態度上也比較溫和。」

溫老師久未連絡的五專同學兼死黨——雁子，看過這支片子之後，很肯定她的做法，來了封 email：「溫雅惠同學，妳好樣的，我沒想到妳是這麼有良心的人。」雁子會這樣說，是因為自己的孩子也是學校的學習生活需要較多協助的孩子，感同身受，當媽媽的時時戰戰兢兢地面對同學與老師，也期待自己的孩子能在友善的學習環境中成長。

愛心的雙翼
媒體　散播訊息和平愛
團隊　團結多人築夢來

新聞、媒體與愛心

新聞——
最近發生事件的消息報導；
愛心的新聞——
散播客觀平等的專業訊息。
媒體——
傳播新聞的渠道或工具；
愛心的媒體——
建立起和平與愛的關係。

愛心新聞橋

「愛心新聞橋」超越利益超越國家格局，多元且深入地分析新聞與媒體。

在我小時候週末的八點檔真的是八點檔，一方面大眾想法單純，一方面也沒得選，星期日七點播報新聞結束之後，台視、中視、華視三台就會同時播報「新聞橋」。

每週雖然只有十分鐘，可是內容卻十分專業，一群新聞專業人士，討論著我們新聞的種種，分析新聞的深度與方向。但是今日資訊多元，連無線新聞台都很多台，大家早就遺忘我們曾經在三台聯播的「新聞橋」。年輕的世代習慣了新聞綜藝化，耳濡目染訊息壟斷化，當然無法想像什麼是專業評論與分析新聞。

在看過這麼多網路文章與資訊之後，深深覺得我們應該找回專業來評論新聞，這樣的評論應該超越黨派色彩，應該超越利益，甚至超越國家格局，多元且深入地分析我們的新聞與媒體。

新聞綜藝化　節目娛樂與專業混淆

台灣的新聞很多都會加入自己的色彩與評斷，甚至為了娛樂大眾而加動畫搞笑，其實非常不專業。新聞應該是新聞，評論就是評論，而我們現在的新聞媒體，不應該把娛樂與專業混在一起，混淆大家對新聞的判斷能力。

有時候想，我們的新聞應該分為幾個時段，或許吃飯時間其中半個小時也好，把電視台的專業搬出來，在這半小時好好秀出自己報新聞的專業，其他時段要怎麼娛樂大眾都沒關係，不能沒有這樣專業的時段。

回憶起當年倪敏然自殺事件，每天二十四小時，新聞重複播放這樣的事件新聞，導致本來想自殺的人也自殺了。有人批評現在的新聞太過一時興起，趕潮流，每天敏感的話題一直播，也沒去深入地分析，就是為了收視率。

之前李前總統曾經提倡心靈改革，提出新聞要把好的新聞往前放，一開始電視台都還配合，過一段時間後就又恢復原狀，大家繼續為收視利益打拼。

新聞分等級，打造新聞專業評論區

台灣的電影有分等級，限制級、輔導級、保護級、普通級，因為現在有新聞頻道，乾脆把新聞時段也分等級，讓大眾可以區分哪個時段的新聞內容會加上娛樂性效果，哪些時段的新聞是經過謹慎考證與評析的專業新聞。我個人也提出一些淺見，來針對新聞的專業做分級：

一、專業類：新聞證實的過程十分專業，可以信賴，不加立場與角度；

二、爆料類：提供大眾爆料，可能是事實，但可能也是抒發心情，媒體證實的過程十分不專業，可以將一個分類就闢為爆料類；

三、娛樂類：目的是提供大眾娛樂效果，大家可以輕鬆地看、娛樂地看；

四、政黨類：與其擔心政黨一直包養媒體，乾脆將這樣的新聞歸納成為一類，喜歡看不中性的民眾，也看得比較舒暢；

五、不負責任類：當新聞品質爛到極點、爛到一個不能再爛的極至，新聞專業評論認為收看對民眾判斷新聞能力有負面的影響，評為不負責任類。

新聞媒體自詡　應更多元深入

現在不只新聞媒體受到財團控制，連台灣最引以為傲的網路自由，在理念不同的狀況下，也開始有臉書被惡意地檢舉關閉的情形，如核能流言終結者的創始人黃士修、批判政府的網紅侯漢廷、罷免黃國昌主席孫繼正等等，可以說非常可怕。

新聞媒體如果自詡是社會的監督，應該擺脫利益、期許自己更加專業。或許應該有一個節目「愛心新聞橋」，找新聞的專家來評論我們的新聞媒體，超越黨派色彩、超越利益、甚至超越國家格局，多元且深入地分析我們的新聞與媒體，如果有這樣的園地，必會帶動新聞的正面風氣。國家如果有這樣的格局來管理新聞媒體，並保護網路的多元聲音，必會是國人之福。

「台灣的新聞像不像綜藝節目?」

台灣的新聞綜藝化，但卻因而缺少專業深度。

「問你們一個題外話，台灣的新聞像不像綜藝節目?」某次世新的聚會中，有四個大陸的交換生，其中又有兩位是新聞系的夥伴，我因此應景地問問他們的看法。有人覺得台灣的新聞真的與大陸大不相同，多彩多姿外，還覺得很多很LOCAL（區域）的新聞、很多不太像能上得了新聞的新聞，都上去了。

無法專業的新聞綜藝化

台灣的新聞無法專業不是沒有原因的，這個大陸的夥伴也講中其一，就是台灣有言論自由。在言論自由的狀況下，新聞想怎麼寫就可以怎麼寫，加上收視率的考量，任何新聞都可以盡其誇大，因為這是自由。

現在的新聞大多是捕風捉影，很多事情在沒有求證之下就爆出來，造成傷害後也只刊登小小啟示了事。較能深入探究專研事件的，莫過於《天下雜誌》、《商業周刊》等等，不過，他們可無法每天出新聞。就如我一開始提的，資本額會是很大的因素，多少資源可以做多少事，自然而然台灣的新聞要樣樣深入探究的能力就會有限。

既然言論自由加上資源有限，台灣便產生了一個很特別的現象──「新聞綜藝化」，大家下班後看看輕鬆的新聞也不壞。只是大家沒有深刻去想想，這些現象對我們有沒有負面的影響。

平民新聞，從網路鄉民的資料開始

台灣的新聞綜藝化，還有一個很特別的現象，就是因為資源有限，記者開始從網路的社群、討論區蒐集事件的資訊，電影《bbs鄉民的正義》把記者也化身成故事的重要角色。

這樣的低成本新聞固然有低成本的好處，也很容易反映民意；但是反過來說，只要抓到操作的技巧，也可以操弄民意。以洪仲丘事件而言，某個角度來說確實反映民意，反映大家對於軍人待遇問題的重視，但是卻也有網友爆料，這個事件也是一群懂得操作議題的核心人物所製作的反政府的群眾運動。

當然鄉民的資料也有善意的效果，比如之前一部車阻擋救護車被拍了下來，遭鄉民人肉搜索，這位比中指擋救護車的年輕人因此出來道歉。

愛心新聞橋，建構民眾新聞素質與覺知

記得一次朱立倫到大陸交流，他的記者會不是說給台灣記者聽的，而是給國際媒體、大陸媒體聽的，因為他清楚台灣的媒體對他關於交流上的思考沒有興趣。連大陸的朋友都可以很直接地表達，我們連芝麻小事都可以上新聞。

不過，這確實是台灣應該要小心的警訊。

早在二〇〇七年，我就在部落格的文章寫道，在我們小的時候有週日新聞橋這個節目，在七點新聞後，八點綜藝節目前播出十分鐘。這個節目不為別的，就是評論新聞。

雖然我們無法改變言論自由、資本額限制的環境問題，但如果我們重新建構這樣的「愛心新聞橋」，專業的解析我們台灣從小到大的新聞，這樣便可以建構民眾對於現今新聞的素質與覺知，朋友您說不是？

台灣的新聞

台灣的新聞應該扮演政府與民眾溝通的橋樑，也不應該只是美國觀點。

某天跟一位剛從美國回來的學弟聊到台灣的新聞，這樣的對話讓我想到，台灣要有新聞分類的構想，現在的新聞到底扮演什麼樣的教育角色？

台灣的新聞未來可能更好嗎？

媒體——政府與民眾溝通的橋梁

台灣的新聞媒體扮演了一個極重要的角色，就是政府與民眾溝通的橋梁。例如水災，媒體好像總是跑得比任何人都快，反應災民的心聲，把不公不義說出來。

任何官員只要稍微放鬆或抱怨，都可能是媒體的公敵，成了災民的箭靶。

很奇怪的是，當時美國 CNN 網路民調有七成民眾認為馬英九應該下台，被台灣媒體炒翻天，炒到最後馬英九開記者會道歉，並成了各災區十秒鞠躬的標準動作。

這就是台灣的媒體，成了政府與民眾溝通的橋梁。

除了資訊的最前線　台灣的新聞多了論斷審判

常常看到記者朋友們，當訪問到最前線的新聞時，總不免用法官的口氣問犯人：「你這樣做不會良心不安嗎？」台灣的記者多了幫人民審判的犀利動作。

不過，有時後審判過頭確實會造成困擾。記得蘋果日報的一次政治漫畫畫得很貼切，一個公務員正在關心著災情狀況，並深切地了解情況有沒有危及民眾的生命危險，沒想到新聞呈現的畫面，是民眾問他們前來關心的動機時，這位公務員竟回答說：「因為我的長官想去剪髮。」

這是很讓人心酸的現象，因為媒體的炒作，民眾感受到的是官員在災難來時還去喜筵、理髮、過父親節，對官員的觀感，就是不負責任、不體恤民眾的苦、應該下台。我看到馬英九在八八水災的記者會上，被記者們質疑救災不力，馬英九認為應該在救災後再責難懲處這些沒做好的官員，這個說法讓記者大為憤怒，馬回答說，救災的已經有人因職務殉難，消防署長也昏倒，他們也是父母生的，應該要體諒。

台灣的新聞並沒有分類

剛回台灣的學弟表示，台灣的新聞一直說著哪個官員怎樣怎樣，這根本不是他感興趣的事，美國的新聞不常這樣八卦，台灣新聞整個都是五四三沒營養的內容，倒不如看第四台的電影。

我問到美國新聞有分類嗎？比如八卦類、正式類等等，他回答我說有呀，有些新聞整個在八卦，所以喜歡看的就給他看個夠；如果要看嚴謹一點分析的，就看這樣的新聞台。

美國這樣的做法正呼應著我之前提到的愛心新聞橋，把新聞媒體分類的看法。想看八卦的，有這類的媒體，想看專業的，應該也可以有專業的媒體可以看才對。

目前台灣的國際新聞　就是美國觀點新聞

不過，雖我贊成美國媒體分類的做法，卻不贊成國際新聞都從美國來。這個部分是比較恐怖的現象。台灣的國際新聞，有九成以上都是美國的美聯社、CNN來的消息，而我們常常看到的好萊烏電影，也都是美國觀點為主。

換句話說，台灣看世界的視野是透過美國的眼睛。

如果我要在台灣搞新聞媒體，我會希望培養專業的記者，在世界各地蒐集不同角度的觀點與資訊。雖然媒體可以監督政府，但是也可以協助政府蒐集具體的做法以供參考。

除此以外，我會希望台灣媒體可以具有教育的作用，格局、視野，還要有愛心的教育，不然，新聞都只能越看越產生批判的共鳴，沒有辦法讓大家進一步思考：我們可以做什麼？

客觀新聞

怎樣的新聞才算是客觀新聞呢？首先要陳述事實而不是評斷事實，也要學會能更加洞察心聲、平等看待。

客觀新聞陳述事實不是評斷事實，要學會能洞察心聲、平等看待。

要能陳述事實不加以評斷

新聞要客觀，第一個要做到陳述事實，而不是加以評斷。記得之前《蘋果日報》有一篇社論寫得很諷刺：「台灣的新聞，比北京還要北京」，內容其實就是在論述，我們台灣的新聞，除了陳述事實外，還會加上很多的論斷與註解。

以台灣新聞與美國新聞的專業度來看，我十分肯定美國新聞的專業，因為美國的新聞的確相較之下客觀許多。

不過，我個人認為，美國的新聞也會有先天的限制問題，比如在價值與立場的條件下所產生的選擇性報導。

美國新聞的先天限制

為什麼我會認為，美國的新聞有先天的限制？這是由於我在整理想要了解的國際事件時發現，只要是反對美國、反對民主的新聞，就不會在美國的新聞上找到。

比如，伊朗動亂時，哈梅內伊指出美國政府官員對伊朗的人權指控是「不可接受」，「阿富汗及伊拉克戰爭後，他們已沒資格談人權。」或是北韓火箭事件，北韓曾經說出自己的觀點，北韓外交部聲明表示：「根據美國邏輯，因為日本是友邦，所以可以發射衛星，但我們不能這麼做，因為我們的政體不同，我們也不阿諛奉承美國。」

這樣的新聞雖然是事實，但是我卻無法在美國新聞上找到。

有時候我會問自己，如果我是伊朗的政權領導人，或是北韓人，我會怎麼看待這件事情？如果我不是他們，我憑什麼決定別人的價值？憑什麼評斷別人的立場？當一個新聞在描述著一件事情的背後，我更會想知道，另一方的動機與真相又是如何？

所以，任何媒體，只要它有背景，都會有立場上的限制，就算是它想要報出客觀專業的新聞，也會因為這個媒體的格局視野而受限。

洞察心聲　平等的角度看世界的生命

另外，客觀新聞必須要能洞察少數人的心聲。

舉個例子來說，身為台灣人，會知道因為一些因素無法加入聯合國而感到委屈。但是我們如果換個角度想想，無論是什麼樣制度的國家，就算他們不是民主，我們也不能以先入為主的價值觀，來否定這些人的心聲。

當感受別人用不客觀的立場對待台灣時，我們是否也問過自己，有沒有用客觀的立場，看待這些與我們不同價值觀的個人、地方或國家？

所以，我感到慶幸的是，台灣媒體漸漸地成為弱勢的發聲管道。但是我們如果拉大視野，這個世界，不只是台灣被打壓，北韓算不算被打壓？有些反中的聲音算不算也是打壓？

重點是，我們是不是以平等的角度看世界的生命。如果用每個生命都很重要的價值來報導事實，這樣的新聞才可以是理想的客觀新聞。

選擇新聞的價值

選擇什麼事情拿來報導，才是專業新聞的價值。

朋友L常常跟我討論一些對這個世界不同的見解，這次我們聊到選擇新聞的價值。首先，我們定義什麼是新聞，只要是在世界上新發生的事情，都可以算是新聞，這個部分我們是有共識的。

不過，這麼多發生的事情，一定要選擇某些事情拿來報導，怎麼選擇？我們倒是有不同的看法。比如《蘋果日報》，L很認同創辦人黎智英創報的理念，因為他認為要把這些不公的事情挖出來，是專業新聞的價值。我就不這樣想了，我認為真正的新聞價值，是要以推行新聞自由、客觀為基礎，推動世界和平為理想，才有辦法改善目前新聞限制的課題。

全體還是部分人的理想?!

創辦人黎智英認為:「假如夏娃當初不是咬了禁果一口,世上就沒有罪惡,也沒有是非,當然也不會有新聞。」因此將報紙命名為《蘋果日報》。我相信創報的黎智英先生有他對新聞的理想,不過,我還不滿意,因為他旗下的記者,也是有許多是為了看好戲、八卦的心態在報新聞。

「我很支持黎智英創報是為了把不公不義的事情挖出來,讓社會得以公平的理想。」」跟我說,一個報社裡面當然會有看好戲、八卦的記者,但是這個媒體目標的設立跟創報者有關,方向,也是這個領導人決定的。

可能是我的個性比較理想化,我雖理解也明白,不太可能全公司的人都跟創報者一樣抱持著理想工作,但是這些看好戲、八卦的記者,確實給社會帶來負面的影響。所以我還是不滿意。

新聞先天上的限制來自他存在的價值

我跟 L 說，任何媒體都有其先天上的限制，就算是專業的美國新聞，很多人認為它已經夠專業客觀，但確實仍有盲點存在。如只要是反對美國、反對民主的新聞，就不會在美國的新聞上找到。

我看到美國過於自恃自己成熟的民主，貶低其他民族文化存在的價值，像是中華文化的社會文化，如電影《葉問》、《孔子》強調的武打尊重、社會禮儀，是好萊塢浪潮無法取代的。還好，我對美國前總統歐巴馬維護、保護宗教權利言論自由的思維頗感認同，只是，這跟《蘋果日報》的現象一樣，只有領導者一個人在想是沒用的，因為美國有太多瞧不起別人的成員，包含瞧不起伊斯蘭教的牧師，難怪《穆斯林的無知》此部影片會引起這麼大的反美浪潮。

拉高新聞的價值

也因為每個新聞媒體都有其選擇新聞的價值觀，產生其新聞的限制，我只能選擇看隨機產生的Google國際新聞，至少，我可以從不同立場的新聞、從不同的角度看到世界的樣貌。我認為，如果要改變這樣新聞價值的限制，唯有拉高新聞的價值才行，以推行新聞自由、客觀為基礎，推動世界和平為目標，才有辦法改善現在的新聞限制問題。

新聞傳播的價值

有時候，我不喜歡人們對錢的態度，但是，有些用錢買不到的，卻有辦法做到無法用金錢來衡量的價值，比如「網路」。這篇文章，我想藉由一部電影《第六感生死緣》來跟大家分享，在世界都在追逐金錢的同時，我們更要覺知新聞傳播的價值。這樣的價值，從和平與愛開始。

在世界都在追逐金錢的同時，我們更要覺知新聞傳播的價值，從和平與愛開始。

「新聞傳播是項特權也是責任，不容剝削！」

在《第六感生死緣》中，比爾不願因為合併的趨勢，讓自己畢生的心血「斐瑞許傳播」被只顧利益的邦迪庫合併，他在一次會議裡非常有氣魄地說了以下這一段話：

「經過考慮，（我）當初因為喜愛媒體而創業，雖自知不是大文豪的料，但也不只想謀圖利，我想有所建樹，崇高的理想。我發覺，我想為世界傳播訊息，以未經修飾的原貌，掌握資訊尋求因應之道。當然，誰不想獲利？

「但邦迪庫只在乎利益，若讓他買下斐瑞許傳播，他會併購其他傳媒，新聞傳媒將掌控於邦迪庫手中，不僅報導需付費，更重要的，還必須迎合於他。

「新聞傳播是項特權也是責任，不容剝削。有此權的斐瑞許傳播，邦迪庫想買下，身為董事長的我籲請各位支持，本公司是非賣品。」

甚至，比爾此時已經得知自己時日不多，還堅持否定合併案。

肚子沒有填飽，還談什麼氣節？！

大家或許發現，時下的新聞，充斥著色羶腥的報導，傳媒詳細描述著犯罪的過程，雜誌用極為聳動的設計對話調侃報導事件的當事人，最重要的主因，就是收視與行銷張力造成消費與廣告收益。

如果傳媒為了崇高的理想而顧不了收益，一般人想到最直接的隱憂，就是公司可能營運不下去，任何人都可以問：肚子沒有填飽，還談什麼氣節？！

任何傳媒先天的限制——營運與價值觀

記得有一次我提出美國的新聞不夠客觀，一位網友反駁我，我提出美國新聞有兩個先天的限制；營運與價值觀。第一個，就是如果有反美的新聞就不會出現；第二個，就是反民主的新聞也不會出現。

新聞傳媒加上網路越來越便利的今天，越來越多人利用網路來生活、賺錢、得到想要的資訊，新聞要以未經修飾的原貌呈現更難上加難！

新聞傳播的價值——和平與愛

朋友，讓我們自覺，並帶動新聞傳播的救贖，把「新聞傳播是項特權也是責任，不容剝削！」這樣簡單的特權還給新聞傳播，就從我們關心社會還有全世界開始。

這也是我常常會鼓勵讀者們除了看西方新聞，還可以看中國大陸新華網的原因。雖然中方的新聞也是有立場與價值觀的問題，但是我們若能從更多的角度認識世界，我們的視野也將不同。

而對於真正站在傳媒的工作者，期待會有真正的傳媒領袖，把和平與愛，從「以未經修飾的原貌，掌握資訊尋求因應之道」，找回我們新聞傳播的價值！

小人之心社論 & 民粹式民調

「小人之心社論」與「民粹式民調」，這都是讓社會人心惶惶的重要原因。

長期以來，我一直認為社會的亂源來自媒體，不只是台灣，世界各地只要資本在的地方就會有媒體的污染，主要的原因，是因為媒體的主觀意識加上難以反思存在的價值。

因為如此，我心裡一直期盼有個以愛心為出發點，能夠專業評論新聞媒體的制衡角色，姑且稱之為「愛心新聞橋」。

這篇文章要跟大家談的，是媒體的兩個現象：「小人之心社論」與「民粹式民調」。無論是草根性的「小人之心社論」或每到選舉就會出現的「民粹式民調」都是讓社會人心惶惶的重要原因，且聽我慢慢道來。

「小人之心社論」？對社會產生什麼效果？

第一個談的現象，就是「小人之心社論」，什麼是「小人之心社論」呢？有次我看到一則新聞：「毒家報報／蘇蔡相爭 2012 謝長廷在偷笑？」我在臉書中做了一個評語：「有時候對這種小人之心的社論真的有點傻眼，難道筆者都不擔心對讀者有負面思想的影響嗎？」

我們現在常常看到這樣寫社論的朋友，或許這只是反諷政治人物的意味，但他們可能都不知道，這樣的言論，會造成社會大眾常常以小人之心去思考從政領袖們的心態，漸漸地，大家就會認為他們就是這樣自私才會從政，如果從政者沒有堅定的理想，很容易被否定的觀感轉變。

因為，反正大家都這樣認為，我就是這樣！

「民粹式民調」？對社會產生什麼效果？

至於第二個媒體的亂象，就是「民粹式民調」，什麼是「民粹式民調」呢？就是媒體本身已經有對某件事情的立場，刻意用民調的方式帶動大眾，所以我們常常看到，不同立場的民調做出來有不同的結論，因為他們的取樣都有分群的，甚至，在受到民調真實性質疑時，拿出的證據跟抽樣調查的對象是誰根本沒關係。

這樣的「民粹式民調」會產生什麼效果呢？我認為會造成社會大眾更大的對立，因為很多事情本來就不是是非題，但是應該專業的媒體不專業，操弄大眾的觀感，甚至影響大眾的決定。

有時候台灣會笑大陸是人治，自以為台灣的法治有多好，這樣民粹的政黨或媒體操作，其實是變相的人治，嚴重的話比大陸的人治更來的嚴重。

媒體造的意識形態，全民買單！

其實無論是「小人之心社論」還是「民粹式民調」，產生最大的問題就是意識形態，這樣的社會對立，把所有問題當成是非題要人民選邊站，會造成非常大的社會代價，像鄭麗文說的，政治的內鬥讓議題無法深入地討論，這是最明顯的現象。

這樣的社會亂象責任不只在媒體或政黨身上，我們全民也要負起最大的責任，因為我們就是喜歡看，就是「矇著」眼睛看事情，殊不知我們耗掉多少成本在意識形態上。

朋友，讓我們從捨棄主觀與自私的念頭開始做起吧！用心看媒體，我們將會開始用愛心用智慧看到真相。台灣加油！地球加油！

空包新聞 vs. 實彈新聞

偶爾，我會看不慣媒體炒作選舉的新聞，媒體習慣性的炒作，都不知道帶動的社會效應與付出的社會成本有多高。媒體對民調的濫用，很多都是空包新聞，就像是次級房貸，總有一天媒體民調的效應會如次級房貸一樣出問題。

在世界都在追逐金錢的同時，我們更要覺知新聞傳播的價值，從和平與愛開始。

次級房貸——問題在用泡沫經濟炒作泡沫經濟

次級房貸是最近幾年熱門的經濟話題，美國投資銀行雷曼兄弟無預警倒閉，引發全球金融海嘯，最大的問題，就是用泡沫經濟炒作泡沫經濟。

為何說泡沫經濟炒作泡沫經濟呢？因為這些經濟大多是風險性高的紙上談兵，比如提供貸款給建商，建設之後把本利還給投資者，不過，漸漸地這些投資過於空洞，錢滾錢的效應失效，導致惡性倒閉。

次級聞貸——用泡沫新聞炒作泡沫新聞

姑且，就稱我擔心媒體濫用民調的社會效應叫「次級聞貸」好了，現在的媒體，動不動就濫用民調，選舉用民調、民生用民調，漸漸地社會價值只有民調沒有專業。

前衛生署署長楊志良日前為了打疫苗的事落淚，說民眾「濫情又理盲」，懇請大家放過人民。我相信有些疫苗是會有負面效果，但是從身邊老師好友的學生事件，我更相信很多負面的效果，都是媒體渲染下的心理作用。

現在的選舉，很多都是媒體拋出來的泡沫民調，政治人物定力不夠，常常被媒體的民調左右，很多有心要做事的政治人物，因為民調不好而成了炮灰，善於應對媒體、不見得真正為人民做事的，反而成為寵兒。

空包新聞 vs. 實彈新聞

什麼是空包新聞？只講民調不求專業的就是空包新聞。

什麼是實彈新聞？就是既求專業又追求民調的新聞。

現在媒體量產新聞，很多新聞都無法像雜誌一樣深入淺出地探討話題，不過，我倒認為媒體如果沒有辦法像雜誌一樣深入話題，應該就要在用字上更加謹慎，不應隨意下定論與評斷才對。

媒體有權無責，更應用心

我不反對民主，我更愛好自由，不過如果我們看到的新聞，都是空包新聞而不是實彈新聞，都是綜藝化的娛樂效果、不是追求真相的消息來源，那麼我們總有一天真的會見識到「火級聞貸」恐怖的代價。

用最簡單的問題來說好了，如果現在這些民生、政治等等社會現象都是媒體拿民調來主導，產生的社會問題由誰負責？

因為政黨不再是主導人才的地方，只要媒體提出民調，人才只能含著淚退出。專業不再是專業，因為民調可以否定專業。

新聞有權無責，我認為應該更虛心地花工夫在新聞專業上，常常反思到底是真相重要還是收視率重要，常常反思是理想重要還是情緒渲染重要，相信未來新聞才會正面地帶動社會。

如果新聞不加問號「？」

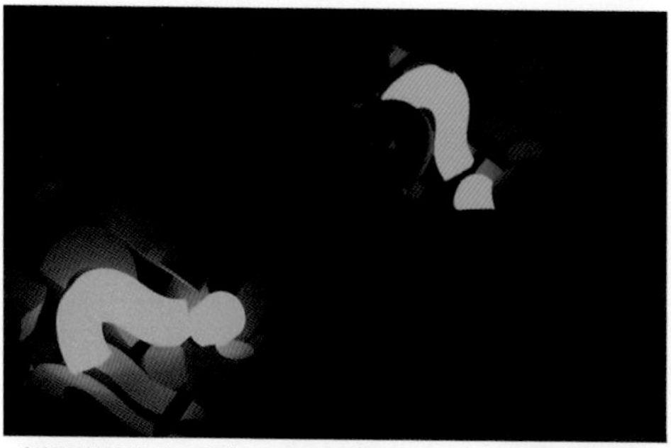

新聞媒體充斥著不負責任的「？」，影射與評論比比皆是。

新聞自由向來是台灣民主開放所自豪的一部分，不過怎麼樣的新聞才夠客觀？可以真正挖到真相、可以幫弱勢發聲？則是媒體朋友們應該要主動思考的部分。我一直在想像，未來如果有個「愛心新聞橋」，用愛心與專業客觀地評論每個新聞，這樣新聞必會昇華。

不知道大家有沒有發現，台灣的新聞越來越綜藝化，不過，我倒是覺得綜藝化跟專業客觀是不衝突的，而加問號「？」成了一個很重要的學問，如果新聞不加問號「？」，新聞會變成什麼樣呢？

加問號「？」減少評論責任

現在養成看國內外新聞的習慣後，我發現國外的媒體不常看到問號「？」。有時候我心裡會想，加問號的新聞對媒體本身有個好處，就是減少評論的感覺，因為好的新聞是不主觀地評論事情的是非對錯。

我也會跟朋友這樣開玩笑，加問號「？」是等於我（媒體本身）對這個新聞不負責任。因為我沒有說它是對還是錯唷！我加了問號「？」代表我也不清楚。

加問號「？」可以增加好奇的觀眾

當新聞綜藝化之後，我們常常看到政治流言蜚語或是演藝圈的八卦，常常看到記者用麥克風問起當事人對於這件事情的看法。

剛開始受媒體關注的新鮮人，常常是沒思考就開口說話，導致事件越鬧越大。有些當事人常常情緒被激起，隔空叫陣，觀眾更喜歡看熱鬧。我們也看到有些人等到事情落到自己身上時，才抱怨媒體亂報。而經驗老道的人，開始學會說：「謝謝關心」、「會正式跟大家報告」，甚至乾脆迴避。

這些可說都是台灣可愛的媒體現象。

不過，新聞綜藝化後，新聞如果要扮演重要的發聲角色，專業與客觀是必要的。比如，如果新聞不加問號「？」，我們的新聞會變成怎麼樣呢？

如果新聞不加問號「？」

如果新聞不加問號「？」，媒體可以開始學習不隨意評斷；

如果新聞不加問號「？」，媒體可以開始對自己下的評斷負責。

鮮少媒體是為了追求真相、為了理想而做新聞，因為收視率是很現實的壓力。如果新聞不加問號「？」，很多不實的、放話的消息，很快就可以被越來越專業的媒體停住。

現在新聞大多空洞不實，是非不分，利益薰心，導致人心惶惶，優秀的人才不敢出來承擔，滑頭鼠面知道應對的人則常常浮出檯面。（當然好人也是有啦！）

我相信未來一定會有媒體可以越來越專業紮實地報導新聞，只要有媒體願意主動帶頭來做，自然而然就可以帶出新的新聞價值出來。

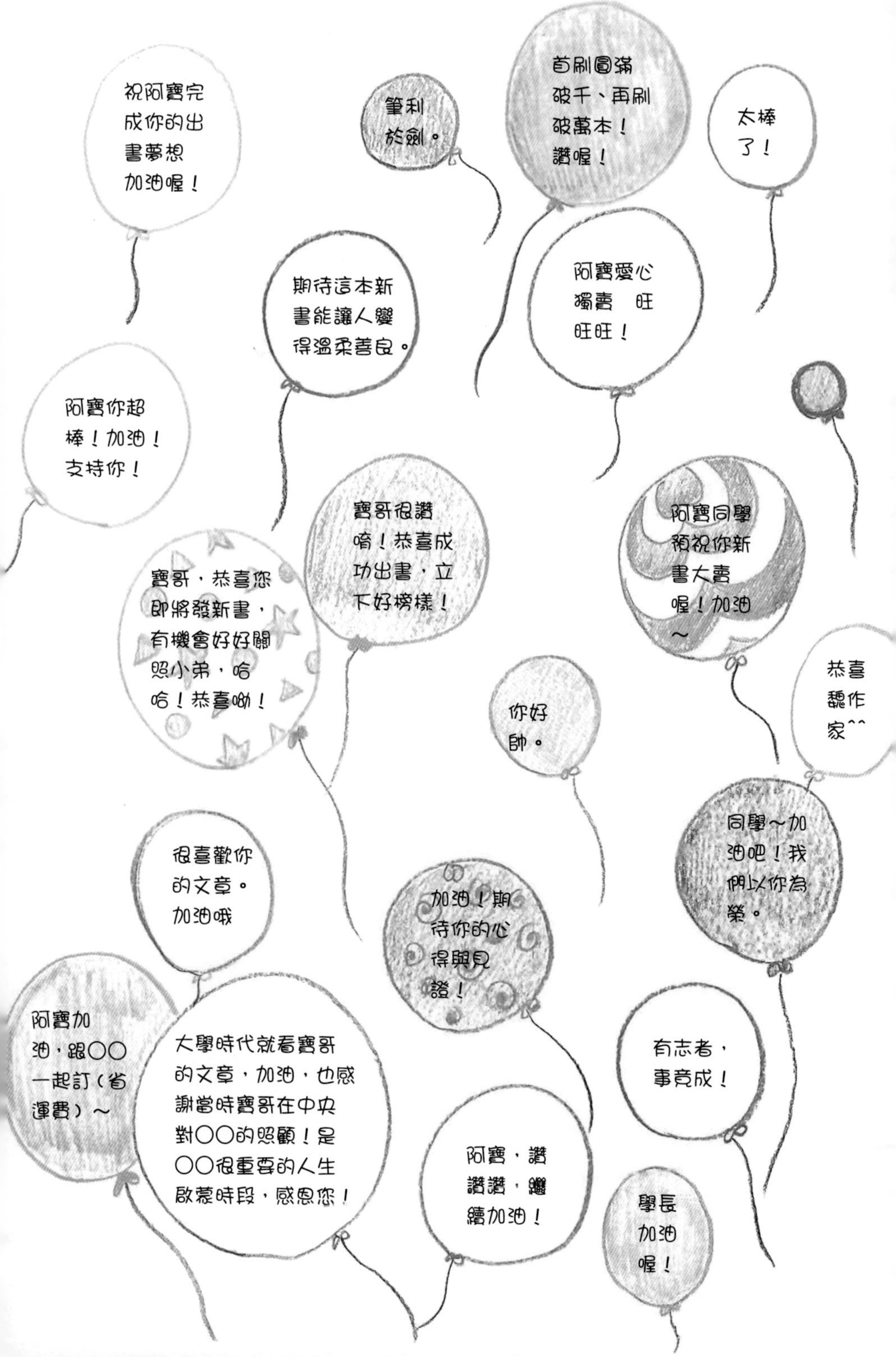
祝阿寶完成你的出書夢想加油喔！
筆利於劍。
首刷圓滿破千、再刷破萬本！讚喔！
太棒了！
期待這本新書能讓人變得溫柔善良。
阿寶愛心獨賣 旺旺旺！
阿寶你超棒！加油！支持你！
寶哥很讚唷！恭喜成功出書，立下好榜樣！
阿寶同學預祝你新書大賣喔！加油～
寶哥，恭喜您即將發新書，有機會好好關照小弟，哈哈！恭喜喲！
你好帥。
恭喜飄作家^^
同學～加油吧！我們以你為榮。
很喜歡你的文章。加油哦
加油！期待你的心得與見證！
阿寶加油，跟○○一起訂（省運費）～
大學時代就看寶哥的文章，加油，也感謝當時寶哥在中央對○○的照顧！是○○很重要的人生啟蒙時段，感恩您！
有志者，事竟成！
阿寶，讚讚讚，繼續加油！
學長加油喔！

時事網路觀察

資訊爆炸的年代，
網路開放，
我們的心應該跟著開放，
愛心無界限　光明無罣礙。

垃圾人定律 vs. 聚寶人定律

我倒喜歡聚寶人定律勝於垃圾人定律，收取別人的垃圾卻形成寶物，造就別人乾淨的心情。

網路流傳一個所謂的「垃圾人定律」，仔細一找，來自於范冰冰對網路媒體人的回應，形容本身存在很多負面垃圾纏身，需要找個地方傾倒垃圾的人。

我倒喜歡聚寶人定律，有些人專門收別人的垃圾，換取別人的歡喜，這樣的人猶如聚寶盆一樣，收取別人的垃圾卻形成寶物，造就別人乾淨的心情，追求美好的動力。

你聽說過「垃圾人定律」嗎？[1]

許多人就像「垃圾人」，他們到處跑來跑去，身上充滿了負面垃圾：充滿了沮喪、憤怒、忌妒、算計、仇恨，充滿了傲慢與偏見、貪心不滿足、抱怨、比較，充滿了見不得人好、愚昧、無知、煩惱、報復，和充滿了失望。隨著心中的垃圾堆積又堆積，他們終需找個地方傾倒。

有時候，我們剛好碰上了，垃圾就往我們身上丟……所以，無須介意！只要微笑、揮揮手、遠離他們，然後繼續走我們自己的路就行。千萬別將他們的負面垃圾接收，再擴散給我們的家人、朋友、同事、或其他路人。

如果換成「聚寶人定律」

許多人就像「聚寶人」。他們到處跑來跑去，到處收取負面垃圾：充滿了慈悲、樂觀、佈施、無私、博愛，充滿了謙卑與平等、知足不貪取、讚美、謙讓，充滿了希望人皆好、高明、智慧、灑脫、喜捨，和充滿了喜悅。隨著心中的垃圾堆積又堆積，他們用愛轉化一切成寶。

有時候，我們剛好碰上了，垃圾就往他們身上收……所以，無須介意！只要感動、微微笑、感念他們，千萬別繼續走我們自己的路就行！然後將他們的慈悲垃圾接收，再擴大於我們的家人、朋友、同事、或其他路人。

從垃圾人進化成聚寶人

在網路的世界裡，互動越來越方便，無論在新聞、文章、影片裡，我們也可以看到很多所謂的「垃圾人」，這些圾垃人通常看不得別人好，也是「酸民」的重要分子。

但是我們是否可以從垃圾人轉化成為聚寶人，就得看我們覺知的功夫了。

有幾本很棒的書似乎也在描寫這樣的道理：《不抱怨的世界》描寫從無意識的無能、有意識的無能、有意識的有能、無意識的有能來改變抱怨的習慣。《有錢人想的和你不一樣》察覺自己、理解自己、劃清界限到重新設定自己的思考方式。

於是，圾垃人從到處給別人垃圾，收斂為自己可以消化自己的垃圾，從消化自己的垃圾，升級為協助收拾別人垃圾，慈悲喜捨的聚寶人。

這個世界需要更多的聚寶人，無論是政治上、企業上、宗教上，都需要這樣的成員。如果一個團隊的領導人是垃圾人，這個團隊必整個烏煙瘴氣。如果國家領導人是聚寶人，這個國家必會是安居樂業；如果企業領導人是聚寶人，造就的不只是企業的成就，也會造福更多的人；如果宗教領導人是聚寶人，必會成就千千萬萬解脫的靈性。

---

1. 引文摘自互動百科（http://www.baike.com/）之「垃圾人定律」條目。

網路武松，謊言包不住真相

有句成語「三人成虎」，出自《戰國策．魏策二》，原意指三個人謊報集市裡有老虎，聽者就信以為真。比喻謠言多人重複述說，就能使人信以為真。

「真的假不了，假的真不了！」若網路的謠言可以成虎，而真相就猶如武松了。

現在網路的力量便是如此，如果一個人懂得網路行銷，似乎可以試試讓人信以為真。但是，網路的謊言是包不住真相的，因為，「真的假不了，假的真不了！」所以，如果網路的謠言可以成虎，那麼真相，就猶如武松了，哈！

在網路上需要網路武松，讓倫常回到軌道上！

看到真相的要件——心地光明磊落！

最近我看到有人運用網路的力量，鋪天蓋地地宣傳自己的豐功偉業，我一再問自己，可曾這樣的傲慢盲目？！

我的心中一個答案浮現，就是智者常提醒我們的——心地光明磊落。很多人無法看到自己的盲目，儼然是因為無法做到「心地光明磊落」，當一個人無法坦蕩蕩時，就會極盡使用手段與小聰明，高捧自己。

一個人的盲目，如果加上一些手段自我吹捧，可能導致很多無辜的受害者，因為這些受害者聽聞這一連串的吹捧之後，開始相信這個人的真實性。

從明察自己的念頭，進而「智慧博大無邊！」

也因為如此，我一再問自己，如果自己有天得到了一定的成就，或很多人給予掌聲，是不是就會失去了光明磊落的方向呢？因為如此，我要從現在開始就養成對自己的小念頭乾淨俐落！

我從最基本的，對一件事情的喜惡，來檢視自己的反應，自己喜歡的，是不是會用手段貪取？自己討厭的，是不是會用不好的手段加以毀壞？我的喜惡是中性無染的嗎？還是帶有個人的成見！

我發現，當自己對自己的念頭一絲一絲的體察，並下功夫去滅絕過於意識上的念頭，開始會有體察的智慧浮現，這樣的體察智慧，不是想針對別人批判，而是在「心地光明磊落」之後，產生的「智慧博大無邊」！

心地光明磊落，智慧博大無邊！——悟覺妙天禪師

武松打虎，讓倫常回到軌道上！

網路的力量再大，真的永遠都是真的，假的也永遠都是假的！這個真真假假，是在真相上的層次，不是人云亦云，也不是意識認知的層次。現在的媒體三人成虎，社會因此人心惶惶，很多不實遭到誇大，但很多真相卻不被正視。

街上這麼多老虎，現在走在路上，除了人與人之間少了笑容，還多了恐懼！網路上這麼多老虎，現在要當個宅男宅女可不容易，事情沒有查證，查證到的也未必為真！

在網路上需要網路武松，這個武松要打擊網路的老虎，也就是人云亦云的謊言。不過，這個武松一定是慈悲，不是憤恨的。憤恨的武松無法挖掘真相，也沒有智慧制伏謊言，到最後還可能被老虎傷了自己。

武松打虎，讓倫常回到軌道上！

推動理想與造神之間　打開網路慧眼

一位朋友A覺得，自己只要做好人好事就可以得到福報，我同A分享，其實現在的環境已經比我們那個年代複雜很多，像網路的資訊如此豐富便利，我們很難判斷一件事情的真偽如何。

一個領導人推動理想有人崇拜他，一個領導人造神而有無辜的人追隨他，造成眾人拿起與放下，是領導人的責任。我們也要學習打開網路的慧眼，才不會讓自己誤入迷惑的深淵。

打開網路慧眼，從正視自己的人生價值開始，從物質、精神到心靈，從「心」認識我們看到的網路世界。

打開網路慧眼，從正視自己的人生價值開始，從「心」認識我們看到的網路世界。

推動理想與造神的差別

一個領導人是在推動理想，或是在利用他人對自己的崇拜來造神，是不容易從別人對他的態度判定的，因為，他們看起來都是如此地相信眼中的「他／她」。

就如前者，若這個領導人是如此推動理想，但是追隨他的人卻癡迷於崇拜他，也不無可能。就如後者，若這個領導人是如此造神，但是追隨他的人卻可能單純地為追求理想而跟隨也是有。

前者的癡迷是眾人追求偶像的習性，並非領導人所願；而後者的單純卻是眾人理想的無辜，「惑」由領導人所起。

因此，判斷推動理想與造神的差別，要從這個人的言行開始。

拿起與放下的差別

在《深夜加油站遇見蘇格拉底》裡面，智慧的蘇格拉底（丹對自己心靈導師的稱呼）要年輕人丹放下大腦中的垃圾，丹一開始認為蘇格拉底只是為了讓丹相信他。

其實不然，蘇格拉底是要讓丹放下外界的訊息，去認識內在的自己。

推動理想的領導人，心中有個具體的理想，表面上是需要用組織分工好似有層級，但是心中對於每個人都是如此尊重與尊貴。理想推動的領導人教我們學會放下，所有的方法也是為了放下。

造神的領導人卻可以迷惑眾人對於理想的追求而跟隨他，看似放下卻是造成對他的崇拜，因此看似放下其實是拿起迷惑的追從。因此，造成眾人拿起與放下是領導人的責任，領導人必須正視自己的言行是讓眾人放下，或是拿起更多的執著。

打開網路慧眼，從正視自己的人生價值開始

要打開網路慧眼，首先要從正視自己的人生價值開始。在網路上充斥著愛美、賺錢的訊

息，我們可能忽略了，這些訊息都是短暫地滿足欲望而已；而實質的富足，是在給予與放下。

給予與放下有不同的層面，在淺層的是物質上的，再深一層是精神方面的，如果有機會放下靈性方面的更是有福。我們人分成三個層面，會依照每個人的體會而有不同的層次。

一般的潛能開發是精神層面的，它是激發潛在意識，吸引力法則便是創造了只要你相信就會如此的潛在能力，不過這個與真正的心靈智慧還是有差距的。或許我們無法馬上做到打開網路慧眼，但是可以開始第一步。

如果美國開始禁中國大陸電影

朋友的父母一從大陸回台，他們便約著一起去看好萊塢的電影，因為大陸無法看美國電影。台灣也有禁大陸電影的政策，一年只能有幾部的大陸電影。我好奇地想，可能，未來換成美國開始禁中國大陸的電影，若是如此，我會怎麼看待？！

我越來越慶幸生長在台灣這個寶地，一方面學習西方民主、一方面又與中國大陸無法脫離關係，如果心懷抱地球，更可以看清楚，世界的未來需要什麼。

任何電影都免不了行銷自己價值！

大陸無法看某些美國電影，未來是否換成美國開始禁大陸的電影？

梁朝偉主演的《聽風者》，因為電影的主體是共產黨，對付的是國民黨，雖台灣的觀眾不見得支持國民黨，但是電影的角度讓人感到錯亂。

我相信這樣的事情只會越來越多，因為大陸的經濟起飛，電影也跟著量產，連歌唱比賽的節目《我是歌手》也斥資兩億，許多台灣的歌手都因為去參加了那個節目，創造自己歌唱事業的另一個高峰。

任何電影，都難免不了置入性行銷自己的價值！我們看著好萊塢的電影長大，難免都會有以美國的價值為價值的影響。當然，也是因為電影都會置入性行銷價值，阿寶才希望自己的小說《沃比費帕德》（Worpi Fepab）有一天可以拍成電影，置入性行銷世界和平的理念，哈！

任何國家，都可能因為保護國家而禁止電影！

如果美國開始禁中國電影?!這是可能的嗎？我敢說可能，如果中國電影的特效越來越好，演員的演技不輸好萊塢，劇本不差於好萊塢，市場會直接反應出來，直逼好萊塢的生存，這時，美國必會使出保護政策，來保護屬於「本土」文化的好萊塢電影。

如果你的想像力夠，你就可以模擬，現在台灣電影院充斥好萊塢電影，美國開始禁中國的電影當時，台灣卻可能有一半的電影都是中國大陸的電影，甚至更多，而台灣的防陸政策也會隨民眾的喜愛而調整。

提早意識世界文化的差異，培養全球觀！

這樣說起來有點恐怖，因為像台灣這樣電影投資成本比較低的國家，不就只能處於被其他大國洗腦的窘境？

其實我倒認為，這是讓我們好好地反思「這個世界未來的需要是什麼」的時候。現在的世界是資本主義當道，只要資本大、多，就可以掌握世界的命脈，以前好萊塢的電影充斥，以後可能是中國大陸的電影充斥。

我們何不趁機讓世界的格局有所轉變，從資本主義轉為全球主義。讓全世界的人都知道，我們就是一個地球村，在地球村不同的角落，有不同的文化，各有各的特色，不問誰是老大，只問誰可以包容全球文化，協助世界往和平境地走。

就是因為我們認識了世界文化的差異，我們才能夠去尊重、甚至欣賞彼此的文化，而不是像現在我想要管你、你想要管我，比拳頭、比勢力，弱肉強食的世界。

美麗村的「金舞獎」

這是一個關於美麗村的故事。美麗村是一個重人情味的村莊，每年，村莊都會辦一場盛大的舞會，只要有興趣的朋友，無論村內村外，都歡迎參加。這個舞會有個很特別的儀式「金舞獎」，每年只要來參加舞會的朋友，都會從中選出舞技最優的十位舞者，跟村長一起享受一頓豐盛的晚餐。

美麗村是一個重人情味的村莊，每年村莊都會辦一場盛大的舞會「金舞獎」。

某年的舞會，從陸路村來了一群舞蹈好手，因此這場舞會的得獎者中有九位是陸路村的選手，只剩下一位名額是由美麗村的舞者中選，引來美麗村保守村民的批鬥。

「把金舞獎廢了吧！」一位村民這樣喊著，場面一度非常尷尬。

熱鬧的「金舞獎」舞會

美麗村的金舞獎舞會可以說遠近馳名，每年都有非常多的舞蹈熱愛者參加這個宴會，這個舞會不是只有參加就算了，凡是來參加的，都會特別準備一套屬於自己的舞蹈，就是為了得到這份殊榮。

參加這個獎，絕對不是兩三下的三腳貓功夫就可以拿到前十名的殊榮，許多的舞者花了一年的勤練，就是為了參加每年一度的舞會，甚至，有人花了一生的功夫，才贏得金舞獎的風采。

而每年這個舞會到來時，美麗村就非常熱鬧，因為這時候舞者們眾星雲集，村民們除了相邀跳舞，更也爭相欣賞這場精采的比賽。

美麗村新手眾多　但陸路村高手略勝一籌

某一年，這是對美麗村而言很特別的一年，因為村內跳舞的風氣風行起來，所以報名參加舞會的新手們也多。這次參加的明星舞者也特別多，所以引起美麗村村民的熱烈迴響。

這次「金舞獎」的評審主席，是來自陸路村的老手劉小刀，他的參與馬上得到熱烈的討論，人人都說他是史上最帥的評審。

舞會終於到來，報名參加的不只有美麗村的新老手們，還有陸路村的高手。評審們不敢大意，打起精神把每位舞者的舞場都看過，主席劉小刀並要求評審們如果要給高分，就要提出明確的理由。

得獎結果惹來美麗村民非議

舞會結束，沒想到十位得獎者中，就有九位來自陸路村的高手，只有一位貴小叙是來自美麗村，「把金舞獎廢了吧！」一位村民這樣喊著，場面一度非常尷尬。

這樣的廢獎言論，導致民眾的反彈，兩位美麗村村內舞者分別說：

「有種跳出來！」

「那位民眾根本不參加舞會！」

不過，美麗村敗選的選手卻很有風度，像其中一位舞者豆豆便說：「敗選了，才有更大的成長趨動力！」

這場金舞獎效應還在繼續延燒，整個村子也因著討論得獎結果而沸沸揚揚。其實，更多的人是希望舞會就是舞會，會跳舞的就算不是美麗村村民又如何?!

瑜民報「反敢衝砝」的民調

這是一個清幽小鎮「遍漬擠」，裡面的居民都非常地善良，不過鎮長阿勇最近開始擔心，居民沒有出去看看鎮外的習慣，所以提出大家要走出去的協議「敢衝砝」。不過，有部分的鎮民相當反對，尤其是「瑜民報」總是站在反對的立場。

一天，瑜民報社長阿沁想到一個策略，鎮內還有些容易動搖立場的居民，因此他做了一個相當漂亮的民調，證實大多數的民眾是反對「敢衝砝」的，雖然這份民調受到其他報社的質疑，但是仍然有部分的居民因這個民調，認為敢衝砝不太適宜。

清幽小鎮「遍漬擠」鎮長阿勇提出大家要走出去的協議「敢衝砝」，有部分的鎮民相當反對。

環境清幽的遍漬擠鎮

遍漬擠鎮是一個環境清幽的小鎮，背面是美麗的山外，前面是一條乾淨的小河，這裡的居民非常純樸，每個人都認真地努力工作，為生活打拼。

不過，最近鎮長擔心大家都沒有出去看看外面的世界，使得鎮內缺乏活力，因此希望提出敢衝砝的策略，讓人民把視野格局放出去。

出鎮的通行協議敢衝砝

當鎮長提出敢衝砝之後，反應的聲音兩極。協議受到部分遍漬擠鎮居民擔心的原因，是由於姥姥鎮的小明才剛跟遍漬擠鎮的小羍打過架，協議中規定鎮民直接經過隔壁的姥姥鎮走出去，部分居民認為不要經過姥姥鎮，比較不會看別人臉色。

小羍的父親阿志認為鎮內的居民根本不想要經過姥姥鎮，阿勇的敢衝砝協議是過於天真的想法，於是提出鎮內公投，希望用民意表達阿勇錯誤的決定。

阿志與阿勇辯論起來，阿勇認為自己完全是考量鎮民的利益來談協議，但是阿志則認為大家可以搭船通過小河就能夠出遍漬擠鎮，不用經過姥姥鎮。

瑜民報反敢衝砝的民調

阿志的表親阿沁開了報社瑜民報，當她聽說小幸被姥姥鎮的小明打後，也是對「敢衝砝」非常地反對，認為阿勇錯誤的策略會害死「遍漬擠鎮」的大家。

一天，瑜民報社長阿沁想到一個策略，鎮內還有些容易動搖立場的居民，因此做的一個相當漂亮的民調，證實大多數的民眾是反對敢衝砝的，這份民調，很技巧性地把阿志的街訪鄰居納進來，並避過鎮長阿勇家的附近。

【反對敢衝砝比支持多！】

斗大的字眼在某天的頭條亮相，雖然這份民調受到其他報社的質疑，但是仍然有部分的居民因為這份民調，認為敢衝砝不太適宜。

「我想我們是不是應該按照阿志提議的，搭船過河就可以出鎮外啦！」阿姑跟隔壁的鄰居阿美說。

『可是阿勇不是說過河權有些問題，其他鎮要看我們跟姥姥鎮互動再看看嗎？』

「不行啦，妳知道姥姥鎮的小明是出名的壞學生，常常欺負小辜耶！」

『也不是每個人過去姥姥鎮都會被小明欺負呀！我昨天才去小明媽媽開的市場買到便宜的香菇，今天有很棒的加菜，妳要不要來嚐鮮？』

「妳喔！妳不擔心被阿志他們說閒話嗎？還跑去小明家買菜。」

朋友，故事還沒說完，你希望看到什麼結局？

維基百科自不自由？

維基百科雖然是任何人都可以編撰，但是維基百科自不自由呢？！有編過的人都可以知道，答案其實是：「不」。我曾經編輯過一個數學式子條目，很快地就被刪除，因為現在維基百科有管理員制度，他們依照專長來分工管理。

Wikipedia

百科是知識性的所以有其限制，但是智慧層次的真理卻沒有時間空間的限制。

套一句用在新聞無法真正客觀的話來說，因為只要是人編出來的，便會有立場與角度的限制。甚至，百科重視事實，但是，往往每個人看事實的層面也不同。因此，要學會編輯維基百科，就得先了解這裡的生態，才有辦法成為堂堂正正的編輯者。百科雖然幾千幾萬，但是虛虛實實無法準確，真理是唯一的，放下更多的偏見與保守，才有辦法找到真理的道路。

自由的維基百科，其中無法的全面性！

一個數據也顯示，維基百科的編輯者大約有九成為男性，由於女性編輯者樂於編撰藝術或哲學之類的主題，因此編輯者數量的差異導致這類文章比其他短小。而既然有性別的多寡問題，當然也有地域性的問題，維基百科使用免費的網路服務、上課作業等等方式來增加其全面性。現在維基百科也有一個新的機制，就是讓網友們一起評比這個條目。不過「道高一尺魔高一丈」，顯然地，早就已經有人想到「串通起來」這樣的操作策略。

總之，這個號稱人人都可以編輯的百科大神，顯然有其無法的全面性。

就算新聞不是事實，在維基也算事實！

維基百科還有一個問題——「保證準確性」，因為這個所謂的「準確」，以每個人的角度本來就不同。延伸推想，任何人都可以參與修改的維基百科只能有一種可能來處理這樣的問題——也就是，只要有參考的文件來源，就可以編入。熟悉台灣的媒體生態您就會清楚，很多新聞可能都不是事實，甚至，如果沒有繼續追蹤一個新聞，你會不清楚新聞的結果以及其中的曲折變化，如果這個新聞再扯到政治與宗教，可想而知，每個人的主觀認知就會有更大的差異了。

舉個例子來說，一位候選人如果被抹黑栽贓，在選舉的時候進入司法程序，但是如果這個程序為期很久，或是尚未明朗，連新聞可能都沒有報導，或是被報導在沒有人注意到的小地方，便可能很容易被忽略。因此，就算新聞不是事實，在維基百科的機制裡，很可能成為事實。

到底如何才有辦法讓維基百科可以保證準確?!偏見與保守一直都是維基的編輯者們爭論的焦點。

百科有限，真理唯一！

我相信，因為百科是知識性的所以有其限制，但是智慧層次的真理卻沒有時間空間的限制，只有唯一！真理不在外面找，而是在我們內在才可以探求；真理不是尋求更多的知識來滿足需求，而是放下更多的偏見與保守來成全。

問自己：想成為天使 or 魔鬼？

這是網路越來越便利的時代，很多資訊都可以由網路取得，一開始，無論是BBS、論壇、維基百科、Yahoo奇摩到Google，很多熱情的網友會把自己知道的訊息貼在網路上供人們參考了解。但是漸漸地，有人開始藉由網路行銷自己的產品、價值還有理念，有人行銷愛，當然也有人行銷恨。

批評不見得是恨，稱讚不見得是愛，提醒藉由網路行銷意念或價值觀的網友，想得到什麼結果，就先好好思考自己想要什麼吧！

我們以為自己是天使，但是可能變成了魔鬼？想得到什麼結果，就好好思考自己想要什麼。

越來越多的資訊平台 提供網友們搜尋

「你不知道？孤狗一下吧。」

「孤狗？」一個朋友丟來的火星語，讓我不知道這是什麼東西，原來，這是 Google 的意思。我的朋友告訴我，如果我不知道，就用 Googel 查一下就知道啦！

BBS、論壇、維基百科、Yahoo 奇摩到 Google，越來越多的資訊平台，可以讓我們找到想要的訊息。現在已經越來越多人習慣用手機上網，等於是不論你在任何地方，只要有手機的收訊，就可以利用電腦上網找尋你要的資訊。

當我們帶著動機 網路就是行銷的場地

然而，因為網路資訊的便利，開始有越來越多的人帶著動機，在網路上行銷自己的工作產品，行銷自己的價值觀，也會行銷自己的理念。

行銷工作產品，形成了網路拍賣，形成了網路廣告，形成了通路。行銷自己的價值觀與理念時，可能像阿寶想做的，是行銷愛心；但是，也有人是行銷恨的意念在裡面。

批評不見得是恨　稱讚不見得是愛

我想要跟網友們釐清一個問題，就是「批評不見得是恨，稱讚不見得是愛」，因為我們的行動裡，往往夾帶很多不同的動機在裡面。

舉個例子來說，我到某家餐廳用餐，我覺得它的服務態度與衛生不好，所以我藉由學校的BBS貼出來，警告其他學生不要去吃。這個動作夾雜了很多動機在裡面：正面地來說，我的張貼是為了避免下一個受害者；反面來說，我可能是在抒發我個人的委屈。

因此，批評不見得就是恨，稱讚不見得是愛。

想得到什麼結果　就好好思考自己想要什麼吧！

有些網友在網路批評他認為不好的、反對的，我認為這本來就是個人的意志與自由。不過，我希望藉由這篇文章來提醒，我們是否常常問自己：「我要的是什麼？」

這就是吸引力法則寫的——「釐清願望」。有時候我們一直以為自己的批評是出於正義，把自己定位為「正義之士」，其實反而導致我們的心一直處於不滿、牢騷、否定的狀態。我們已經忘了，自己一開始的動機其實是為了「愛」。

因為無法一直提醒自己的動機，所以我們可能越陷越深，製造更多的否定與對立，最後，一開始「幫助人」的目的沒有達到，得到的反而只是更多負面的價值，更多的否定，更多的對立與不滿。

我們以為自己是天使，但是我們可能變成了魔鬼？

最需要「良知」的三個行業

最需要良知的行業，代表社會對其最無約束力！

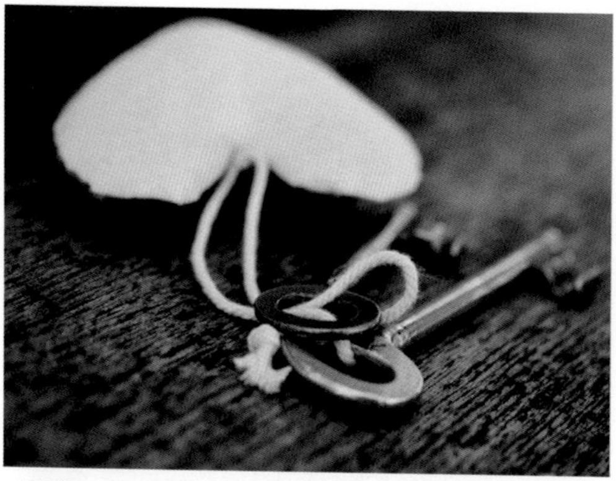

媒體、立委、法官，因社會對其最無約束力，都是最需要良知的行業！

如果要問最需要良知的三個行業，你會選什麼呢？對我來說，就是媒體、立委、法官。媒體與立委對資訊接收的民眾，有深具教育的影響力；法官則是扮演良知的底線，捍衛安定的法治社會。

其實，還有更悲觀的想法，就是如果台灣再不對毒品與詐騙有積極的防治辦法，可能販毒與詐騙將會是最需要良知的「新興行業」，而全民的覺知將會是重要的關鍵。

無約束力的媒體，把介紹詐騙當就業輔導？！

當「新聞綜藝化」後，不只新聞開始加上很多媒體的主觀評論，媒體甚至還做起專題節目，連詐騙都可以深入地介紹其行業生活。誇張地把在印尼監獄只要花錢便可以有酒喝、有電視冰箱、叫麥當勞（外食），甚至買春與買通監獄遣返台灣的經過一一陳述，並強調單筆詐騙可騙到達三〇〇萬人民幣以上。

如果這樣的新聞節目加上一個標題：「今年最佳好賺工作！」這個節目不就變成詐騙的就業輔導了？！

媒體於現在資訊爆炸的社會裡，扮演極具教育性的角色，如果媒體無法自我約束，只是把收視率當任務，不把節目所造成的影響當第一要務，這將會是社會國家的爛瘡，不可不慎。

立委不僅代表民意，也有責任覺知

之前我聽過一位資深媒體人的演講，她說一個政治人物最容易在掌聲中迷失自己，而當你知道民眾的盲目、又企圖改變大家的想法，是最需要勇氣的，而她曾看過一位政治人物，為了說服支持者而被當場吐口水。

現在有很多民代，因為掌握舞台的魅力技巧，說話搧風點火，像這次肯亞詐騙事件，極盡不理性的批評謾罵，對受害者一點同情也沒有。這是很可怕的社會現象，因為我們都不知道下一個詐騙的受害者會是誰。立委不僅代表民意，也有責任覺知，我們需要像曼德拉那樣，有勇氣帶領民眾去理性接納，而不是延續更多的仇恨。

法官是「良知」的底線，也抵不過民眾覺醒的力量！

現在的犯罪越來越聰明，以前販毒的抓到證據確鑿，現在的詐騙抓到，卻只有電話線，按檢察官林達的說法，證據無法勾稽讓詐騙比販毒還要難抓。我便有一位朋友，好不容易把錢追回來還上法院幾趟，沒想到對方馬上就被放了，她知道對方是累犯，因此很擔心馬上有人接著被對方詐騙。

法官雖然有裁量權，在無案不漏接的狀況下，民意的覺醒也扮演極重要的力量。比如這次肯亞詐騙，當一直爭取罪犯遣返台灣的同時，是否可以真正地替這些賺辛苦錢的受害者想想，而不是糾纏在「主權憂鬱症」上無法跳脫出來。全民若能對於販毒與詐騙更加地譴責，媒體、立委、法官才更可以朝毒品與詐騙的防治上共同努力。

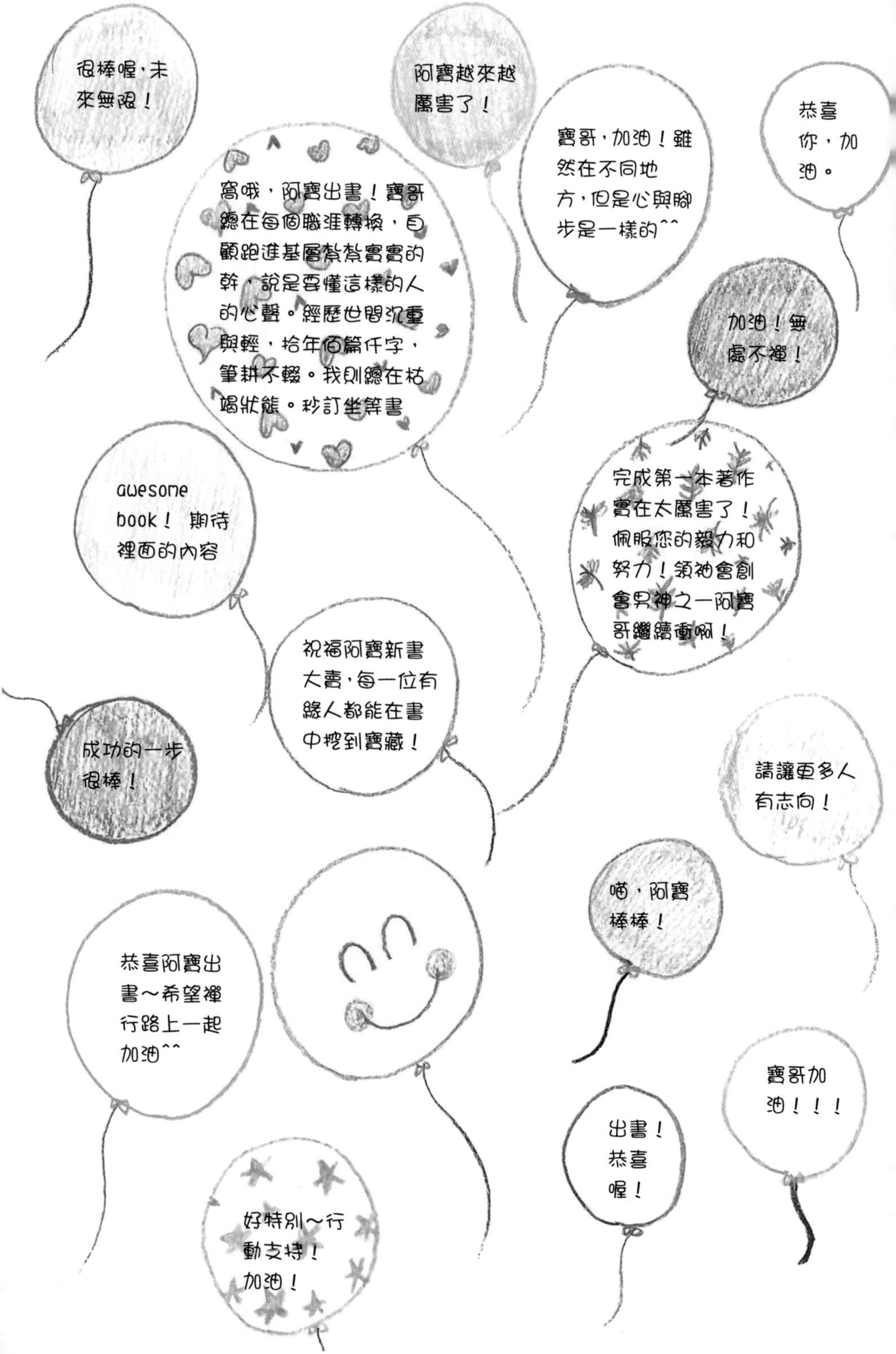
很棒喔，未來無限！
阿寶越來越厲害了！
寶哥，加油！雖然在不同地方，但是心與腳步是一樣的^^
恭喜你，加油。
寫哦，阿寶出書！寶哥總在每個職涯轉換，自願跑進基層紮紮實實的幹，說是要懂這樣的人的心聲。經歷世間沉重與輕，拾年佰篇仟字，筆耕不輟。我則總在枯竭狀態。秒訂坐等書
加油！無處不禪！
awesome book！ 期待裡面的內容
完成第一本著作實在太厲害了！佩服您的毅力和努力！領袖會創會男神之一阿寶哥繼續衝啊！
祝福阿寶新書大賣，每一位有緣人都能在書中挖到寶藏！
成功的一步很棒！
請讓更多人有志向！
喵，阿寶棒棒！
恭喜阿寶出書～希望禪行路上一起加油^^
寶哥加油！！！
出書！恭喜喔！
好特別～行動支持！加油！

談組織與世界和平

遠大的夢想需要團隊，
大家皆平等，
組織為分工，
實踐世界和平的藍圖，
執行人間天堂的理想。

大家皆平等 組織為分工

團隊合作中建立「大家皆平等，組織為分工」的觀念非常重要。

之前在與一些夥伴聊天的過程中，發現沒信心是普遍的心理障礙，連演講後的發問時間，也有人問到類似的問題。

其實，依我的經驗，個人會有沒信心的問題，一個很大的原因是，大家對組織倫理的認知不夠，常常出現權威的一言堂現象。這樣的現象也提醒我在任何時候，都應該要謙卑以對，平等地對待每個夥伴的聲音。

因此，團隊合作中建立「大家皆平等，組織為分工」的觀念非常重要。

權威式的一言堂

我發現一個組織發展一段時間後，若沒有同時建立正確的組織觀念，很可能會出現權威式一言堂的狀況。什麼是權威式的一言堂？就是大家很難就事論事，總認為某個人說的應該就是對的。

這樣的事情也常常發生在我的身邊。第一種情形，就是當我溝通的對象 A 對某個夥伴或老師 B 有一定的尊敬時，A 會因為 B 曾經說過某些觀念，經驗上自然覺得這樣是對的，我發現要跟 A 溝通清楚自己的想法便顯得辛苦。

另一種情形，就是 C 對我有一定的尊敬時，我跟他提的建議可能變成照單全收，我於 C 的關係猶如 B 於 A 的關係，都是權威式的一言堂。為了不讓他照單全收，我發現有時自己必須適時地閉嘴與等待，比給建議來的適當。

這種權威式的一言堂現象，使得我有時候開會的時候會特別注意，如果我不是主席，大家會不會不小心把我的話當成決策，如果是這樣，我會特別提出來請主席注意，他才是決策者。這種權威式的一言堂現象，也使得我在給對方建議的時候，會特別請對方以自己的想法為主，我的建議只是參考，不要照單全收。

分責時　應該給他絕對的決策權

除了權威式的一言堂因素外，我覺得無法讓夥伴有信心，是因為給他責任時，沒有給絕對的決策權。

這會導致一個現象，這樣的夥伴通常沒有自己的想法，都是照單全收的模子，等到有一天要他獨當一面去思考事情的時候，什麼東西都做不出來。

因此，我現在在任何領導的過程都會時時提醒自己，要分工就要給他絕對的決策權，而不要只是給一堆建議。這是領導人最難的地方，但卻是讓組織健全最重要的觀念。

建立平等與組織觀念

一個健康的組織，會有「大家皆平等，組織為分工」的觀念，不會因為誰是領導人，誰被領導，誰就比較重要了不起。不會因為誰常常提出不錯的建議，就變成權威式的一言堂。因為這個團隊裡面，每個人都重要，每個人都平等，每個人都有不可取代的價值，而領導與被領導，都是為了組織與分工。

所以，我們在一個組織裡，最好有時扮演領導的角色，也有時扮演被領導的角色。當領導時願意傾聽建議，當被領導時願意尊重決策。

而真正的領袖，會把整個團隊的心都放在自己的心中，真正的世界領袖，會把全世界的生命，都放在自己的心中。

雁行理論 個人願景依團隊實踐

個人的願景與團隊的遠景，在組織管理有個很重要的概念——雁行理論，這篇文就來跟大家分享這個，個人的願景依團隊實踐的概念。

雁行理論：因為團隊合作而達成個人與共同長遠的目標。

到一個團隊　本來目的就可以有所不同

每個人來到一個團隊，目的本來就可以有所不同。一個有趣的團隊小遊戲，每個人一開始抽到屬於自己的領袖特質的小紙條，可能是口才、組織領導、領袖魅力等等，不過，遊戲中可以依個人重視或希望加強的方面跟別人交換手上的小紙條。我們到一個團隊裡，在團隊裡面想學的，猶如每個人選擇的這張紙條，也是個人想在這裡學到的願景。

我曾在一個願景是世界和平的團隊演講……。「個人想學的，跟世界和平要有關係嗎？」一位參與活動的學員這樣的問。『個人的願景，基本上是可以跟團隊的願景沒有衝突的。也就是說，現在不認為世界和平重要沒關係的。但是，至少你要有自己想要在這裡達到的個人目標，並努力去投入。』

雁子想飛的遠　靠團隊實踐

「雁行理論」在組織管理算是很重要的概念，基本的想法，就是團隊的重要性。

一隻雁子，如果想飛的遠，單靠自己是很難達到的，但是如果跟著一群雁子一起，就有可能達成。如果有看過群飛的雁子，可以發現雁群是以排開 V 字形的方式飛翔，為什麼這樣飛呢？就流體力學中的白努力定律，後面的雁子可以獲得前面的助力，加上大家輪流在前面帶領，形成團隊，飛起來更為輕鬆。

重點就是，雁子因為團隊合作而達成遠距離的飛翔。

個人的願景　依團隊的願景實踐

如果一個人的願景或目標想要達成，團隊的願景也是很重要的。比如辦一個活動，我只是當一個工作組長的角色，雖然是共同完成團隊的目標、願景，但是同時也讓自己的領導、溝通、企畫等等的能力同步地提升。很多能力，是在個人希望學習下很難達成的。

所以，無論是參加什麼樣的團隊，這個團隊的願景與目標一定要明確，團隊的目標明確，自然每個成員就會學到自己想要的願景與目標。領導人所要思考的，就是如何讓團隊的目標，成就每個人想學或成長的目標。

一個團體的目標也會影響個人目標。試想，如果一個團體存在的目的是為了扳倒一個人或團體或國家，當這樣的團體達到目標後，我們會變成怎樣的人呢？相反地，如果一個團體存在的目的是減少衝突，追求和平，或令人的心靈提升，我們參與其中時又會變成怎樣的人呢？所以我會鼓勵讀者們選擇正面目標的團體來參與，不是感覺很夯就跟隨，感覺對盤就跟隨，因為在團體裡面，我們將會成為一個這樣的人。

推動，從靜摩擦到動摩擦！

推動理想上，從靜摩擦到動摩擦是必然的過程。

在物理學裡有個概念，就是當推動一個物體時，都會有其摩擦力，而且有個很特別的現象，同樣推動的方式與方向，靜止時候的摩擦力或阻力，卻是比動摩擦力來的大。

這個物理的概念，如果運用在推動所有的事情，包含推動理想上，也可以得到一樣的效果。因此，推動，從靜摩擦到動摩擦，是必然的過程。

能夠看到推動前的靜摩擦力總是比動摩擦力大、看到障礙之牆是為了阻擋那些不夠熱愛的人而存在，我們就掌握了成功之鑰。唯一能夠幫助我們的人，就是我們自己。

靜摩擦力大於動摩擦力

物理學在力學的單元裡面常常看到的一個圖表，橫軸是外力大小，縱軸是相對應的摩擦力大小。

「物體從靜止到滑動，所受摩擦力的變化情形。」一開始靜止的時候，推力與摩擦力一樣大，當物體開始滑動之後，動摩擦力成了定值，重點是，動摩擦力會比靜摩擦力最大的時候來的小。

想想看，我們追求一個理想或推動一個目標何嘗不是如此？一開始推動事情，阻力好似與我們的努力一樣大；不過當我們的努力超過一定的程度，事情會有了推動之後的變化，這時的阻力就會變小。

摩擦力，證明自己的渴望

我很喜歡《最後的演講》中的一段話……

請記住：阻擋你的障礙必有其原因，
這道牆並不是為了阻止我們，
這道牆讓我們有機會展現自己有多想達到這目標
(Brick walls are there for a reason : they let us prove how badly we want things.)
這道牆是為了阻止那些不夠渴望的人，
它們是為了阻擋那些不夠熱愛的人而存在的。

——Randy Pausch《最後的演講》

所以，任何推動的理想，還沒有達到目標前的障礙，這道牆，就好似推動一個東西靜止時的靜摩擦力，尚未推動之前，都顯示我們對目標還不夠渴望。

防礙你成長的人去世了！

另有一個故事是這樣的……

在Missouri洲的聖路易市，一家大公司的職員吃完午餐回到公司門口，看到一個牌子：「昨天那位防礙你在公司成長的人去世了」，公司在運動中心為他設置靈堂供同仁弔祭。一時間每個員工都對這位逝去的同仁感到難過。可過了一會兒，他們開始好奇這位仁兄到底是誰？他們帶著一種好奇的心情走到運動中心向死者致哀，每個人都在嘀咕：「這個人到底是誰呀？」他怎麼會防礙到我們的成長呢？不過反正他已經不在了！

然後每位員工慢慢靠近棺材時，當他們看到棺材後每個人忽然間都無言。棺材中有一面鏡子：探頭進去看的人必定會看到自己。而且鏡子旁邊還有一個牌子，上面是這麼寫的：「世界上只有一個人可以限制你的成長：那就是你自己。」「只有你才可以改革你的人生，也只有你自己才能帶給你自己幸福快樂，對人生的認知及成功。」

因此，當我們看到眼前的阻礙時，唯一能夠幫助我們的人，就是我們自己，唯有看清楚這個點，我們才能沉住氣去面對。了解推動前的靜摩擦力總是比動摩擦力大的，看到障礙之牆是為了阻擋那些不夠熱愛的人而存在的，就掌握了成功之鑰。

沙盤推演的遠見

之前跟一些領導團隊的夥伴聊組織運作，常常談到的話題，就是花很多的時間在經營社團或團體，怎麼樣讓自己可以有更多時間經營自己的事業與課業？還有如何把事情下放給幹部？

這篇想跟大家分享一個組織發展術，就是沙盤推演的遠見。領導人除了需要打破什麼都要由自己經手的迷思，更要知道領導不是管幹部，而是讓幹部跟我們一樣快樂地投入，接下來，就是學習沙盤推演的遠見了！

打破什麼都要由自己經手的迷思

領導人除了需要打破什麼都要由自己經手的迷思，接下來就是學習沙盤推演的遠見。

領導人如果要學會沙盤推演，第一步要先學會打破什麼都要由自己經手的迷思，給予幹部充分的權與責，其中，信任是領導人需要突破的難題。

要怎樣打破什麼都自己來的迷思呢？除了信任，換個角度想，真正的領導人，是懂得讓幹部發揮的授權者。

以前我領導遇到最大的困擾，就是想法太多，所以讓幹部很難發揮，於是很多的幹部深覺自己的意見沒法被採納，漸漸地就沒有想法。現在，我開始知道大膽用人的重要，懂得找機會讓幹部說出自己的想法，就算這個想法不夠成熟或完整，也值得鼓勵說出來。

一個領導人，要懂得肯定並整理幹部的創意。

真正的領導　是讓幹部跟我們一樣快樂地投入

第二步，就是讓幹部跟我們一樣快樂的投入。

常常一些領導人跟我說：他沒有時間。我最簡單的回饋，就是組織沒有做好。組織沒有把工作下放，領導人等於是自己忙，自己累。

記得一次問一個對於經營企業很有經驗的大哥怎麼領導，他回答我說：「真正的領導不是管理，而是讓幹部跟我們一樣快樂地投入。」身為領導人的你，有沒有認真想過，我們是在「管」幹部，還是以身作則給他們看呢？

多花點時間讓自己充實與學習吧！讓幹部自發性地想跟著做囉！

有一次跟一位朋友聊到大家沒時間的問題，我就說，其實領導人應該花些心思在幫大家省時間上。我們要比幹部更重視他們的時間。

堆沙的藝術——沙盤推演的遠見

如果學會下放，從管理變成帶動。第三步，就是訓練自己沙盤推演的遠見。

怎麼樣訓練自己沙盤推演的遠見呢？其實就像是堆沙一樣，蓋任何的房子，要先設計過，我們可以訓練自己盤算，做什麼、會有什麼效果？如果這樣的效果不好，就換一個。

我記得以前跟一位夥伴共事的時候，因為我想法多，主動提出很多的做法，而她則會提出不可行的顧慮，這樣一來一往，討論出最好的策略。

這樣一來一往的過程，就好像堆沙一樣，不好看沒關係，我們重堆。

當然，或許我們一開始會像小朋友堆沙一樣堆的不好看，技術也不怎麼好。我給的建議就是，放心去做吧！我們總是越做越好，重點是，這些經驗對我們來說是不是有累積的價值，還是我們總是重蹈覆轍呢？

就算我們堆得沙再難看，總有一天會堆出漂亮的城堡。

願力無限理論（能力填補理論）

「願力無限理論」，即「能力填補理論」，簡單地來說，就是能力雖有限但願力卻可以無限。

「願力無限理論」，便是「團結就是力量」的延伸與昇華，「大家皆平等，組織為分工。」有些責任由喜愛或享受的人承擔，有些責任由可勝任或擅長的人承擔，但有些事則無人洞見與承擔。推動和平的領袖，雖明白個體的時間、物資、能力有限，但是智慧博大無邊。領袖善於帶動理想，洞見、主動承擔這些事，並讓更多人支持與一起承擔這樣的願景與理想。

「願力無限理論」，就是能力雖有限但願力卻可以無限。

用溝通取代對立，用圓滿取代要求！

智者云：「人人圓滿，物物圓滿，事事圓滿，法法圓滿。」如果人與人遇到不相同的意見時，用溝通取代對立，用圓滿取代要求，自然人人都會適性發展，找到屬於自己負責的一個部分。

但是我們需要認清，圓滿的心或態度下，並不代表不用溝通，不必進行組織管理。

能力越大，責任越大，越有組織直覺與分工思維的人，越是應謙卑待人。因為人的壽命有限，但是智慧可以無窮，沒有任何人可以永遠霸橫天下，只有智慧與願力可以永久流傳。

能力如何填補？願力如何無限？

能力如何填補呢？有些責任由喜愛或享受的人承擔，有些責任由可勝任或擅長的人承擔，但有些事則無人洞見與承擔，領袖善於帶動理想，洞見、主動承擔這些事。比如有 A～E

五件事，甲做了A，乙做了B，丙做了C，領袖雖然不可能同時做了A～E五件事，但是卻可以支持甲乙丙做A～C外，另外再找到有能力做D的丁來幫忙，或是自己完成了沒有人做的E。因此，五件事在願力和成全的應許下完成了。

願力如何無限？推動世界和平的領袖，雖明白個體的時間、物資、能力有限，但是智慧博大無邊，並讓更多人支持與一起承擔這樣的願景與理想。領袖的理念無時間空間的限制，因為智慧通達真理、神性、佛性，會讓有相同願力與格局的心靈得到共鳴。

如果每個人的願力都到達無限，世界因此大同！

領袖們不見得都要善於組織與管理，這是領導型的領袖做的事，組織與管理屬於形而下的層次。真正的領袖，擅長的是駕馭自己的身心，讓靈性做主，這是形而上的層次。

如果每個人都以肉體或心理上的欲望為主，即是反客為主的生活，這樣的世界便是逞兇鬥狠、民不聊生。反之，如果每個人都以靈性做主，人人的心靈互通，願力便可以達到無限，世界因此可以大同。

【和平論述】全球公民意識

（這是阿寶第一篇正式關於世界和平的論述。）

如果越來越多人有世界公民的認知，領袖越來越以世界和平主旨為考量努力，世界和平的腳步將更快地到來。

只要在地球上生活
就無法置身事外

只要在地球上生活，便無法忽略周遭環境的變化，從世界金融風暴、環境災難、政治鬥爭到戰爭。這些變化也許許多人沒有興趣關心，也許認為身處現在這樣的大環境只能獨善其身，但在「世界是平的」這樣的全球化浪潮之下，我們無法避免失業潮的衝擊，我們無法避免環境直接或間接對心情的影響，我們也無法避免，在環境與商業的考量下，吃下去的食物對健康的影響。

另外，在內心深處每個人也有這樣的聲音，希望看到這個世界多一點笑容，希望看到這個世界多一點彼此關懷，不要分膚色、種族，把內心的純真找回來。

我們只要在地球上生活，就無法置身事外。

或許　有人認為世界和平不可能

或許有人認為世界和平不可能，但是老子說：「合抱之木，生於毫木；九層之台，起於累土；千里之行，始於足下。」或許我們無法親眼目睹世界和平的到來，但是我們可以共同致力於開啟世界和平的曙光。

或許有人認為自己的力量無法造成什麼影響，郭台銘曾說：「阿里山上的神木之所以大，四千年前當種子掉到泥土裡時就決定了，神木之所以成為神木，是在那時候就決定了的，絕不是四千年後才知道，所以『格局』是決定在一開始你的心裡怎麼想。」

領袖會期許每個人都有「神木格局」，從現在開始經營自己，就是為了讓自己更具有能力與遠見，來創造對世界正面的影響。

世界公民的認知

世界和平不能只是反戰，應該要有理想與明確的世界和平藍圖來前進推動，會長明示「五洲共和，全球一家」，我們要思考，怎麼樣來做才可以達到？

世界要和平，首先近程要推動的就是「全球公民意識」，或言「世界公民意識」。無論哪個國家、種族、地域的朋友，都先有身為世界公民的認知。有國際常識、有全球化體認都不見得有身為世界公民的認知，但當某個人有身為世界公民的認知，地球上所發生的事，將會是自己關心的事，也會超越國家的立場或角度來看待這些世界上發生的事。

嘗試著從政治議題上的反戰，到非政治議題中的消弭貧窮、傳染病擴散、環境保護、物種保育，領袖會開始著手整理世界上需要關心的議題，思考世界和平的可能性。

世界領袖的遠見與格局

世界和平的推動上，領袖會思考到歐盟的範例，歐盟的經驗改變現在大部分的人對國家的認知與思維，思考一個超越國家利益、取得與平衡共同利益的可能方式。

讓地球上的資源是地球上所有生命所共享，讓地球上每個人都擁有自由與生存的權益，這是世界上的政治領袖、企業領袖、宗教領袖們需要共同思考的方向，英明而有遠見與格局的世界領袖，將會攜手為世界往和平的方向前進而努力。

如果越來越多人有世界公民的認知，領袖越來越以世界和平主旨為考量努力，世界和平的腳步將更快地到來。

百億郵輪

每一個人的心好像一艘船，「心量有多大，就有多大的成就」。我自許自己的心可以容納一百億的人，人類是萬物之靈，自然其他生物也都可以照顧到。朋友，邀請您一起為地球努力，加油！

你的心中可以容納多少人的幸福？

我啊，常常想到自己以前是怎麼樣自私自利的人。

我曾經在家裡的餐桌上吃飯到一半哭出來，高一偷交女朋友家裡不知道，那時已經是要分手的時候。我以為心裡常有家人，但是種種的行為，卻表現出自己自私

建一艘百億人口的郵輪，只要是世界級的領袖，應該都要把整個地球的幸福放在心裡。

的一面。

如果一個人的心就像一艘船，一般的人，都只有一個座位，因為我們只用我們自己的方式來愛別人，其實也就是愛自己。甚至，有時候我們連自己都不愛也不相信，在心裡缺乏愛的感覺。

朋友，你的心中可以容納多少人的幸福呢？

拓展自己的心量　從現在開始

自從大二學領袖禪，我終於有點開竅，我開始不再只是為了讓別人追不上的成績汲汲營營，而是開了急救班的課程，提供給需要的同學。

「既然我的船（能力）可以載人，我就應該有這樣的責任。」當時我是這樣告訴我自己。

記得大二開竅以後，晚上開班曾經有卅幾個同學來上我的課，這可說創了系上的先例，晚上上完課回寢室，已經有同學在寢室等著我問問題。

我不是想炫耀自己，我是想鼓勵大家，有什麼能力，就應該有什麼樣的責任。拓展自己的心量，就從現在開始。

「一個人的心量多大，就有多大的成就。」

「一個人的心量多大，就有多大的成就。」這是會長前一陣子演講的內容。既然每個人的格局由自己決定，自己的心量要多大，也是由自己決定。

有個學弟最近的暱稱是這樣寫的：「問題的大小永遠不是問題；真正的問題，是你有多大！」這句話我頗有心得。在我們決定格局、決定心量的當時，如何把自我放在我們的心中，這件事相當重要。如果我們願意縮小自我，我們的心就可以更加客觀、容納更多的聲音。

百億郵輪　從現在開始打造

期許大家的心都可以容納越來越多的人，我呢！期許自己的心可以容納一百億的人，因為如果我的心可以容納一百億的人，那麼地球上人類的幸福便都可以照顧到，人類是萬物之靈，自然其他生物也都可以照顧到。

不過，要建一艘百億人口的郵輪，絕對不可能是一個人獨自完成，這是一個巨大的工程，需要有很多自許自己成為世界領袖的夥伴，無論是政治領袖、企業領袖、宗教領袖，只要是世界級的領袖，應該都要把整個地球的幸福放在心裡。

我必須再次強調，重點不是我們現在的能力，而是我們想要讓自己的未來成為什麼。所以，只要您願意，不用擔心自己的能力、背景、學歷等等，這就是「神木格局」。

朋友，一起加油吧！我們一起打造百億郵輪。

愛心，一步一腳印

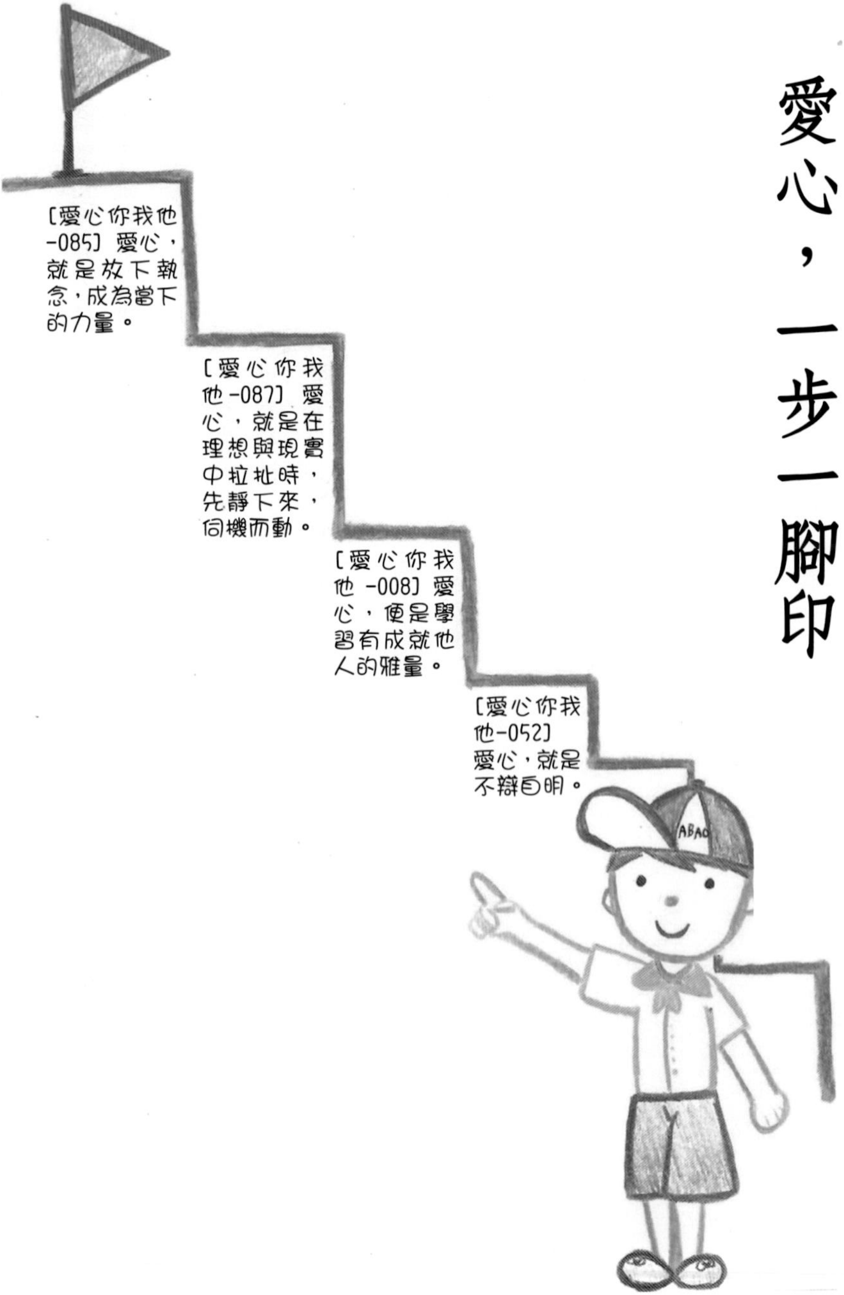
〔愛心你我他-085〕愛心，就是放下執念，成為當下的力量。
〔愛心你我他-087〕愛心，就是在理想與現實中拉扯時，先靜下來，伺機而動。
〔愛心你我他-008〕愛心，便是學習有成就他人的雅量。
〔愛心你我他-052〕愛心，就是不辯自明。
ABAO

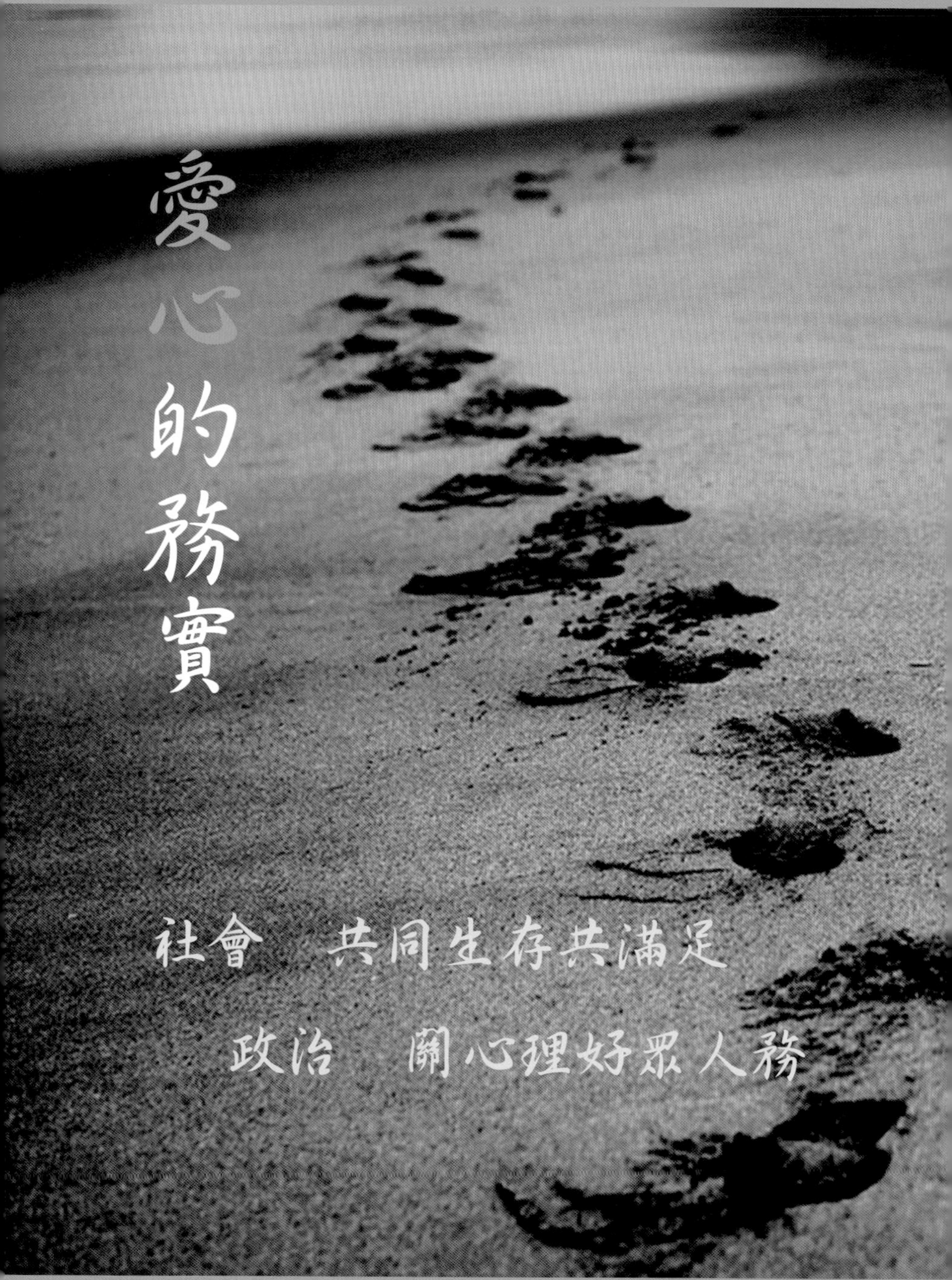
愛心的務實
社會　共同生存共滿足
政治　關心理好眾人務

三民主義
與國家發展

西方民主不靈，解藥不在外面
國父孫中山先生留給中華民國在台灣
最寶貴的方向：三民主義，
喚醒國魂、務實建設，
真正成為東方值得驕傲的民主國度。

三民主義：台灣救國的解藥

從敘利亞新聞的背後真相，點破在耳濡目染的西方媒體創造的優越假象之下，事實是任何國家如果不是跟隨著西方民主制度，都將被西方霸權加以妖魔化與否定。然而，台灣也沒有因為跟隨西方民主而改善生活，社會反而在民主激化下日漸撕裂與對立。西方民主不靈，其實解藥不在外面，國父孫中山先生早留給中華民國在台灣最寶貴的方向：三民主義，目前台灣只有實行民權主義，必須要重拾民族主義、民生主義，才有辦法救國。

西方民主不靈，其實解藥不在外面，國父孫中山先生早留給中華民國最寶貴的方向：三民主義。

西方媒體製造出來的優越假象

日前美國總統歐巴馬在記者會指責敘、俄、伊朗應該為阿勒坡暴行負責，並警告敘利亞總統阿塞德無法以屠殺取得政權的合法性。單看新聞或許會跟著批判起這幾個國家，但真相被加拿大記者艾娃 Eva Bartlett 於聯合國記者會點破：西方媒體用一切的謊言來掩飾美國為首的國際盟國，助長敘利亞內部的恐怖集團襲擊平民。一位網友點出了西方霸權的問題：「阿塞德可能是個獨裁裁者，大馬士革本來是小巴黎，現在變成了地獄，是誰造成的呢？不就是現在在指責別人的歐巴馬的國家嗎？」

其實，美國推翻海珊政權也是如此，伊拉克現在並沒有過的比海珊主政時來的好，只是被西方媒體一再再地掩飾與謊言其錯誤，曾經被歐巴馬以違反人權、指責殺毒販的菲律賓杜特蒂看到了這點，拒絕與美國來往而開始接近中國大陸。

這就是西方媒體創造出來的西方民主的優越假象，耳濡目染地讓人們以為若握有選舉權，為自己的權利爭取，這個政府就是好的。我們無法相信別的方式可以帶給人民更加幸福，所以妖魔化與否定不是這樣制度的國家。

西方民主不靈，其實解藥不在外面！

不知道有多少人察覺到，台灣正因為大量西方媒體創造出來的民主優越假象，學習西方所進行的二分法民主，每個議題卻都持續分化與內耗著台灣。這些在台灣視為民主的作為，其實不是真正的民主，可是台灣卻樂於將自己當作是亞洲的前衛象徵與民主化表率，社會進行著對立內耗，卻志得意滿，而在台灣人眼中那些不怎麼民主的國家，反而逐漸發展壯大。

以目前國力持續衰退的狀況觀之，台灣唯一的出口，就是改變目前為反而反、每個議題都需要分成正反兩邊的假民主，而修正的解藥不在外頭，國父孫中山先生留給中華民國本來就有個很珍貴的寶貝：三民主義，更適合中華民國在台灣來發揚與推展。唯有實行三民主義，台灣才可能有籌碼與能力，在全球浪潮的衝擊下發展。

重拾民族主義與民生主義，才能救國！

三民主義中的民族主義，便是當年國父　孫中山先生主張在平等基礎上，將各族同化成一個中華民族，恢復固有道德，濟弱扶傾成一個大同之治。

現在民主、民權至上，所有的議題就以人民的選擇作主，但每個議題都要爭個輸贏，而道德敗壞、法治不彰，社會在意識形態的民粹下拉扯，內耗的比發展來的大。台灣必須重拾民族主義，才能喚回國家靈魂。

而國父孫中山先生給三民主義的民生主義下的定義是：民生就是人民的生活、社會的生存、國民的生計、民眾的生命。他在一九二四年發表的三民主義演講中指出：「民生主義就是社會主義，即是大同主義。」國營事業、漲價歸公、平均地權等都是國父重要的思想，而台灣現在已經被民主綁架，再加上資本主義掛帥，很多人一生成為房奴、卡奴，便是因為國家沒有照顧到人民，沒有真正的民生主義。重拾民生主義，才能讓國家重新扮演讓人民生活無虞的角色。

目前三民主義在台灣只實行了民權主義，仔細想想，民族主義與民生主義對於現在的台灣甚是重要。要改變台灣現在的亂象，需要重拾民族主義與民生主義，才能救國！

唯三民主義能破黑白羊式的民主內耗

這是中華民國在台灣的關鍵時刻，要選擇繼續內耗或救國就在十字路口。如今台灣的民主政治，進入多重議題皆正反對立的衝突社會，一個「黑羊與白羊」的寓言故事明示，這樣的爭權民主得到的可能是多輸。重新重視國父孫中山先生思想的三民主義是未來的出口：延續已施行的民權主義，亦施行民族主義以建立國家集體意識，並施行民生主義以務實建構國家建設，方能打破這樣對立造成的內耗。

黑羊與白羊式的爭權民主得到的可能是多輸，重新重視三民主義，方能打破這樣對立造成的內耗。

黑羊與白羊式的民主

一個家喻戶曉的寓言故事，兩隻小羊一隻黑一隻白，因為急著通過窄小的獨木橋，雙雙跌落河裡。從「黑羊與白羊」的故事可以知道，無論是小白羊要去看姥姥，或是小黑羊去看爺爺，只要兩隻羊其中一隻願意禮讓，都可以有機會兩隻都平安到對岸，但是相爭不讓之下，兩隻都落入河中。

「黑羊與白羊」體現了目前台灣的民主現象，任何議題都要分成支持或反對兩方，選民因為習慣了沒有中間選項，很多權益都必須力爭到底，這結果可能是兩隻羊都落入河中的多輸局面。蔡英文上台不到一年，宣稱改革而製造多個議題，雖大部分的中間選民都在觀望，但每個議題非正即反下造成多重的政治對立氛圍，撕裂社會導致國力持續內耗。

缺少民族主義：社會各階層的分化和對立

日籍資深媒體人本田善彥撰文指出：「台灣是否正在往自我解體的方向走？台灣今日的當家者本來就不愛惜國家，對國家感情也很彆扭，缺乏核心精神、民心渙散，未來政權恐從內部開始裂解。」

這是因為如今的執政者為了政治版圖排除異己，利用國會多數從處理他黨黨產、建立紀念鄭南榕的言論自由日等做法，把民心推向分裂。如今各項議題造成社會各階層的分化和對立，國不國民不民。都市的台北西門町到鄉下二水的碧雲寺都出現升中國大陸五星旗的身影，便是因為這個土地少了民族主義，人民沒有國家意識所致。

缺少民生主義：陷入政治紛擾缺乏建設！

中國大陸在二〇一七年年初開通第八條國際線路——歐路列車，浙江義烏直達英國倫敦全程一萬二千多公里歷時十八天，縮短海運所費時程，提高陸英之間的進出口貿易，如今陸歐列車已經開出四〇多條線路，連通十四個歐洲國家。

央視網一則報導指出：「短短三十年，中國大陸讓自己的公路里程翻了五倍，並建成世界最大高速公路網絡；鐵路里程超過十二萬公里，高速鐵路更是從零開始，八年間達到近二萬公里，占據世界高鐵里程的六〇%。」有網友稱這個就是國父孫中山先生《建國方略》中的實業計畫，其實這便是三民主義中的民生主義。

相對地，自從中華民國在台灣一九九六年直接選舉總統／副總總之後，台灣單方向持續地只在民權主義上面著墨，忘了還有民生主義。民主的素養趕不及民主制度，朝野政黨常常為反而反，因為跟自己的陣營不同，所以投相對的票，很多政策無法通過，就算對國家有利的建設也無法通過，持續在議題衝突上紛紛擾擾！

重拾三民主義方能打破黑羊與白羊式民主！

西方的民主適不適合在台灣發展，這無法繼續把人民當白老鼠來實驗，有些台灣人笑著中國大陸的太魯莽，鄙視對岸的不自由不民主，但是眼睜睜看著他們生活越來越富裕，而台灣經濟卻越來越衰退。

現在台灣在三民主義中只執行民權主義，可是卻失去民族主義與民生主義，人民不重視國家，民不聊生，只重視議題上意識形態的爭論。重拾三民主義才能打破黑羊與白羊式民主的內耗，喚醒國魂、務實建設，真正成為東方值得驕傲的民主國度。

民生主義：國家負起選民的生存權

古語說「民以食為天」。重視民生主義，便是國家負起選民的生存權。

機場捷運歷經二十年終於通車了，網友酸著這樣的民主真的令人驕傲，國家會有這種建設障礙的問題，便是因為捨棄了民生主義。古語說「民以食為天」，而中山陵的門楣上的三民主義，把民生擺在中間表達其重要性。三民主義並非過時，國父早點出了其精神在提出當時因應的辦法。令人感慨的是，從民國初年至今，政客不對於民生主義下功夫，只在政治版圖下功夫；台灣今日最該改革的是政府本身，而政府卻只知道改革人民。重視民生主義，便是國家負起選民的生存權。

並非過時，
國父早在民生主義中點出精神

有些人認為三民主義是過時的主義，也不適用於台灣，那是因為這些人中有部分的人沒有深刻研究過三民主義，有部分的人被自私的政客迷惑，有部分的人則心中沒有國家的未來。

為何這樣說？國父孫中山先生早於民生主義說，「因情形、資本發達不同，所以解決民生問題的辦法也是不能相同」，但他亦說，「要把歷史上的政治、社會、經濟種種中心，都歸之於民生問題，以民生為社會歷史的中心。先把中心的民生問題研究清楚了，然後對於社會問題，才有解決的辦法。」

因此，反對的人只看到當時國父提出來的辦法可能過時或困惑於兩岸問題，但是無法看到提出來的精神是台灣的重要治國方向，這些人只看到民主（三民主義中的民權主義），卻捨棄了不甚深入了解的民生主義，國家的健康猶如人不吃米飯骨瘦如柴。

從民國初年至今，政客不對民生主義下功夫！

自從國父孫中山先生建立中華民國以來，政客不知道民生主義的重要，民國初年政客們是為了自己當皇帝，而現在的政客是為了選舉上的政治版圖！

民國初年因為國父孫中山先生推翻帝制，很多軍閥擁護三民主義，其實只重視民族主義，為了在力量大的時候，可以自己當皇帝。但是現在的政客抓住了另一個主義：民權主義，他們對於民族、民生沒有仔細去研究，也毫無心得，只想要利用帳面上支持台灣民主價值，無法深刻思考國家的團結、民生的問題。這些反對三民主義的人，其實根本不了解三民主義。當一個國家由權與利薰心的人來主政，「民主改革」變成了掌權的令箭，他們根本不把民生經濟放在眼裡，所以仇富導致如今的均貧社會。

重拾民生主義，讓國家負起選民的生存權

國父於民國初年提倡的民生主義，套在現在民主價值甚高的「中華民國在台灣」來說，就是「讓國家負起選民的生存權」，政府不應該只重視人民的選舉權，也應該重視經濟民生，不應拿「民主」來當無效治理的藉口，並藉由意識形態來進行政治鬥爭、控制人民的選擇權。

換句話說，民生主義也就是「大有為政府」，現在許多的人民一生背負債務，一生成為房奴，為工作冒著過勞的危險，政府不應該不當一回事，更應該負起承擔生存權的責任。重新重視民生主義乃國家百姓之福。

昇華民族主義——

追求共榮共存的地球圈

許多人對於國父孫中山先生所提倡的三民主義中的民族主義有個誤解，以為是追求自私自利的自我民族富強。誠然，民族主義的真義是打破民族隔閡，追求共榮共存的生活圈。雖旅美學者黎蝸藤提出近日陸印關係最大絆腳石是民族主義，此民族主義也是可以昇華的，即追求共榮共存的地球圈。

許多人對於三民主義中的民族主義有個誤解，其真義是打破民族隔閡，追求共榮共存的生活圈。

少了民族主義

台灣內部屢生民主衝突

目前三民主義在中華民國在台灣，只實行民權主義，即是引以為傲的民主制度。但是因為少了民族主義，讓許多議題陷入衝突，使意識形態的角力與內耗超過於國家實行的建設。目前台灣實行的台灣主體性與特色文化，是「狹義的民族主義」；國父推行融合五族一家則大有不同，是更具格局、「廣義的民族主義」。

在台灣有關民族認同的爭議中存在著兩大傳統，分別是中國民族主義和台灣民族主義，體現了強調「血緣」和「公民自決」之間的矛盾。在民進黨執政下，試圖在台獨的意識形態下，發展具公民民族主義色彩的台灣民族主義，以對抗中國主導的中華民族主義。誠然，無論是中國民族主義或台灣民族主義，為了搶奪政治版圖而使用文化對立手段實為不智之舉，國父成立民國提倡廣義的民族主義，是融合各方民族的大一統主義。

因為台灣陷入政治版圖的爭奪，某些人扭曲國父三民主義的本意，把國父思想視為國民黨的政黨標籤，而進一步排斥民族主義。但是，如果深入了解當時國父建立中華民國的歷史便可以了解，當時民國初年有漢、滿、蒙、回、藏五族，民族主義是國父為了打破國內各民族隔閡所提倡的主義。

因此，三民主義不是國民黨的專利，反是中華民國要國富民強的重要元素，不應該這樣貼標籤。重視民族主義，方可改變如今持續內耗下的均貧，台灣的民主化才可能成為均富。

重視特色文化　也應重視族群融合

中華民國缺少民族主義，除了每個國會議事都產生正反兩面的衝突，在國內普遍產生最明顯的一個現象，就是文化差異及語言問題。

依稀記得小時候在學校講台語會被罰十塊錢，現在卻被冠上了戒嚴與專制的政府法令，或許方法不當也不符合現今社會民情；但其目的讓國家內部可以統一語言，減少語言落差產生的溝通問題。

相對地，現在的民主社會只強調各族群的特色文化，忽略文化差異造成的問題日益嚴重；因為強調發揚各民族文化，開設各民族的文化與語言課程，卻鮮少強調民族融合，鼓勵統一語言的必要性；語言與文化的差異造成族群彼此的誤解，亦造成國家認同問題。

如果中華民國可以拾回民族主義，便是國人之福，富國康莊大道之鑰。

民族主義的昇華　方能推動世界和平

黎蝸藤在《上報》中分析：「陸印之間的領土爭議是歷史遺留下來的問題，近年來陸印因領土發生的邊界糾紛越來越多，印度總理莫迪是如習近平一樣的強勢領導人，他們都把維護主權作為崛起的試金石，把民族主義作為政治的支撐點。」

誠然，當年民族主義用在中華民國時，其精神便是為了五大族群和諧相處，這是廣義的民族主義，這樣的精神是可以昇華至國家與國家之間，即讓地球上的每一分子，共同追求共榮共存的地球圈。

於現在台灣內部族群衝突、世界國家為了自身利益的衝突，民族主義在每個世代都有其精神的重要性。身為地球圈中的一員，更應找回民族主義真正的精神，找到族群和諧相處的方向，世界和平方也成為可能。

二二八放假，三二九有何不可？

身邊有許多朋友都覺得，二二八放假，三二九青年節應該也要保留放假。仔細想想，三二九青年節重新放假具有兩個意義：一個就是長期以來政治的意識形態撕裂台灣，三二九青年節具有倡議團結愛國精神的價值；另一個，就是回歸中華民國國家定位意義，實現三民主義，再創「台灣經濟奇蹟」。

二二八和平紀念日放假，具有愛國精神的三二九青年節重新放有何不可呢？

三二九青年節倡議團結愛國精神與回歸中華民國國家定位，再創「台灣經濟奇蹟」。

取消政治性的節日，
卻保留二二八？！

或許年輕的朋友比較沒經歷過，三二九青年節、九二八教師節、一〇二五光復節、一〇三一蔣公誕辰、一一一二國父誕辰、一二二五行憲紀念以前都有放假，在推行週休二日時，卻只保留一個政治性的二二八。

有人美其名的說是紀念二二八，悼念這些無辜被鎮壓殺害的受難者，但是不知道大家可曾注意過，自從二〇〇〇年開始只放二二八和平紀念日，二二八受難家屬的不滿聲音似乎越來越大，最大的原因是這個人民受難的「和平紀念日」被台獨意識形態過度地政治操作，使得二二八的傷痕無法因寬恕而和解，反而造成心理的二次傷害！

不知道二二八事件受難者，如果看到這個紀念日被如此政治操作，或是在戒嚴時期同樣被政府鎮壓的外省人或其他百姓，會作何感想呢？

國家團結，從三二九倡議愛國開始！

一個國家之所以強盛，就是因為對國家有一致的目標，國家與制度是所有國民一步一腳印共同建立起來，大至憲法與法律，地方行政機關的配合運轉，政府、企業與銀行的營運，小至有秩序的交通號誌，其形成都有賴眾人的共識。

台灣的分裂已造成很多國內外的問題，之前課綱因為政治力介入歷史，改朝換代後一改再改，無法客觀呈現歷史原貌。現在竟然還有立委提出要撤下國父遺照，立委諸公一直在這種意識形態的議題上打轉，只會拖累社會經濟的改善。難怪一位老外分享台灣「一直在捍衛一些超級表面的鳥事，讓最有天分的人被氣走。」

蔡英文說她是依中華民國憲政體制選出來的中華民國總統，那就應該身體力行，不要對國民說一套、做一套，民進黨要求黨籍撤回屬「兩國論」版本《兩岸協議監督條例》草案，共同支持回歸中華民國憲政體制的黨團版本，等於承認兩岸間的關係並非國與國關係，亦即回歸中華民國國家定位。學習讓國家成為成熟的政治形態，從三二九青年節重新放假開始。

三二九青年節重新放，創造再次「台灣經濟奇蹟」！

二二八放假，三二九有何不可？三二九青年節重新放假，具有回歸中華民國國家定位意義，讓政客們不要在意識形態上紛紛擾擾，實現三民主義，創造國內政治和諧，找回國家均富榮景。

國父孫中山先生的精神不只在《建國大綱》，還有在執行《三民主義》後所希望達成的自由、平等、均富的社會，真正實行三民主義以完成「大有為政府」，也就是一個完善的福利國家。有次聽一位政治系教授說，過去的「台灣經濟奇蹟」並不是台灣創造了很好的經濟，而是在經濟起飛時，「全民均富」的現象，如果讓政治回到團結與和諧，再次創造「台灣經濟奇蹟」不無可能。

便宜行事「年改」
恐造成 M 型或均貧社會

政府美其名做年金改革，卻便宜行事地只是刪減福利，這將形成富貧兩極的 M 型社會。

年金改革勢在必行，但是政府的做法卻問題連連。持平來看，大部分的民眾都認為年金應該改革，只是現在政府美其名做年金改革，便宜行事的只是刪減福利，無法革新財政與基金處理問題，形同針對薪水階級變相加稅，剝削中產而高官獲利，這將形成富貧兩極的 M 型社會。

錯誤的年金改革不只污名軍公教，使改革淪為「福利輪到砍誰政策」，國家對立的氛圍恐造成均貧社會。在便宜行事下的年金改革恐造成嚴重的國家經濟問題，政府應該慎重處理。

【便宜行事一】次次砍福利，剝削中產卻高官獲利！

很多人污名化「軍公教」是肥貓，但是真正的「金肥貓」卻是另有他人。如羅德水分析低替代率卻月領超過一〇萬的高官，林上祚分析二三五位政務官領平均月退十一萬七千元，以年金改革委員會一〇五年七月十四日公布之數據計算得出：分析政務官與中央資深民代平均領四十六萬與三十三萬，比現在開刀的軍公教平均高出四．四倍。

相反地，在軍公教之列，也有領十八%的彭明輝教授夫婦，兩人合起來卻月領不到八萬，省十幾年卻連一棟房子都買不起，而在這次年金改革中成為將取消十八%的箭靶。貧者越貧富者越富，這就是典型的M型社會。

這樣便宜行事刪福利的改革問題很多，可能砍到的是退休金已經不高的軍公教。如果「刪減福利就是改革」，支持這樣主張的的政務官與立委，都應帶頭刪自己的福利，以誓改革的決心。

【便宜行事二】政府無專業處理基金，卻改革人民！

民國黨在一份「年金改革圖說」裡提到，「政府沒有做好專業基金經理人的角色，投資失當卻要改革人民？」裡面收集了政府因為內線交易、自我圖利、護盤台股等相關缺失，造成退休基金問題不斷。難怪有網友提出建言，政府應該退場於退休基金管理，可能讓軍公教讓自己管理退休基金才不至於有這些基金虧損問題。

加上最近政府到處開支票，華航罷工蔡政府照單全收、成本增加三〇億，國道收費抗爭全民買單四億，而如今這些政府的赤字打算以改革之名砍軍公教的福利，政府的赤字可能改善嗎？

軍公教最擔心年金改革的一件事，就是「年金改革變成了薪水階級的加稅」，自己提存的退休金，被拿來補政府赤字的黑洞。一位網友說，「政府拿軍公教自費提存的『退休俸』祭旗，去改革社會福利的「年金」，立基點迥異，真的是大錯特錯，不公不義之舉。」退休金變成這些政府赤字的祭品、高官瓜分的肥肉，如果自己提存的錢可能因為政府失信不給退休金，誰敢再提存呢？

這也是政府將年金改革的事情便宜行事造成的結果，頭痛醫頭腳痛醫腳，解決不了根本的財政赤字與專業基金經理的問題。

【便宜行事三】輕忽污名形成的社會對立，恐致均貧社會！

依照目前政府的做法，沒有進一步在制度面與基金處理上下功夫，年金改革變成「福利輪到砍誰政策」，污名成為必然結果。此次拿薪水階級的軍公教當箭靶，使軍公教成為全民公敵，形成社會對立。許多軍公教因此打算提早退休，不想被這次的年金改革掃到。

這幾次年金改革確實有不公平之處，如果政府無法正視，台灣實失去穩定社會的中產階級。而如今年金改革只有互砍福利，政府不該輕忽這樣的社會對立現象，這樣的社會氛圍將讓原本均富的台灣成為均貧。

曼德拉 寬恕的「轉型」才屬於「正義」

在南非前總統曼德拉的故事裡可以學到，寬恕的「轉型」才屬於「正義」，而仇恨的「轉型」只會有「政爭」。

日前立院在拆國父遺像提案後，又開始討論所謂的《促轉條例》，這一波波的政治鬥爭讓人看了非常憂心。真正的轉型正義是民主國家對過去政府違法和不正義行為的彌補，但對還在學習民主的台灣似乎是越轉越亂，沒有和解反而越來越針對歷史進行鬥爭。在南非前總統曼德拉的故事裡可以學到，寬恕的「轉型」才屬於「正義」，而仇恨的「轉型」只會有「政爭」。

帶著仇恨來訴求轉型正義，
往往帶來更多仇恨

林昶佐在選上立委後，以台獨推行者自居，倡議「中華民國是外來政府」的言論，《遠望雜誌》以一篇社論〈林昶佐請向菲律賓道歉〉攻擊他，這樣的現象主要原因沒有別的，就是帶著仇恨來訴求轉型正義，往往帶來更多仇恨。

宗教也有很多相關的典故，耶穌說：「凡動刀的，必死在刀下。」現在中華民國的立法院裡演出的轉型正義不是真正的正義，只有政治版圖爭奪、清算與鬥爭。

和解的關鍵不在真相，而是在於原諒！

關於「轉型正義」有人支持像南非的「真相暨和解委員會」（*Truth and Reconciliation Commission*，簡稱為 *TRC*），在目前社會對於二二八事件的氛圍裡，仇恨大於和解，我們必須認知，「對立」是國家目前共有的難關。

誠然，「和解的關鍵不在真相，而是在於原諒！」南非於一九九五年所成立的 *TRC* 之所以成功，是程序上「受害者以證人身分受邀說明事實，犯案者也可以提供證詞，並申請特赦，免除民事和刑事起訴。」

兩次政黨輪替以來，我們的歷史課本一改再改，最大的原因在於，政治力帶著「對立」與「仇恨」介入歷史的專業後，很難持平地去還原歷史的真相。難怪一位網友激動地說：「暴力黨只會有轉型仇恨，不會有正義。」

曼德拉創造真正寬恕的價值

在電影裡《打不倒的勇者》(INVICTUS)中，曼德拉以一首維多利亞時代的詩鼓舞自己走下去，他雖然因為政治迫害坐了二十七年的牢，但他不僅沒有報復，還帶領黑人寬恕當時欺壓他們的白人。

【寬恕一：曼德拉同時僱用黑白人當隨扈】曼德拉當選總統以後，不但沒有撤換所有的白人，還希望同時用黑人與白人當隨扈，並鼓勵願意留下來的白人繼續在總統府工作。

【寬恕二：曼德拉帶頭支持白人為主的橄欖球隊】曼德拉最令人感動的地方，就是當黑人打算換掉以白人為主的橄欖球隊隊衣，曼德拉不算計可能被眾人排斥、喪失自己的政治前途，反而說服黑人們接受球隊，讓國人接受球隊，並讓球隊接受南非的國歌。

曼德拉用行動創造了真正寬恕的價值，他受了二十七年的牢獄、他因為政治迫害失去親人，他卻都寬恕並帶領全國也都寬恕，帶領南非走向真正的和解。台灣要學的不只是追求歷史真相，而是政治人物學習放下政治野心，並帶領人民學會寬恕與原諒的精神。

婚姻平權非趕流行　應該面面俱到

婚姻平權有疑慮不能視為認同歧視同性戀，修法不是趕流行，應該各方圓滿面面俱到，正反都應該冷靜下來各退一步，才能找到共識。

婚姻平權現階段成為熱門話題，正反兩方明顯互不相讓，但藍綠立院總召似乎有個比較初步的共識——另立專法。因為傳統社會環境與婚姻制度對國家發展影響深遠，對婚姻平權有疑慮不能視為認同歧視同性戀，法國強行通過同性婚姻法案後，至今仍舊持續為兒童權與社會結構示威遊行。修法不是趕流行，應該各方圓滿面面俱到，正反都應該冷靜下來各退一步，才能找到共識。

對婚平疑慮不能視為認同歧視

現在婚姻平權比較難以溝通的原因，就是支持與反對都持著強勢的態度、互相不讓，在這個時候很難聽得進去對方的想法是什麼。

在傳統的社會，確實是有同性戀受到壓迫，但在追求婚姻平權的過程當中，不應該把對婚姻平權有疑慮的人，視為認同對同性戀的歧視、歧視同性戀的幫手，不然這樣沒完沒了，最後只是各說各話。

在一個民主法治的國家，無論是支持或反對，都應該要有表達權，互相壓迫無法達成和解，解決不了社會共識的問題。在台灣很多重視同性戀權益的朋友，也同時重視這些長年在傳統社會下成長卻不懂怎麼表達感受的老人家，他們相信如果要硬生生地要求所有人接受同性戀，也是造成這部分人群的壓迫。

捍衛兒童權，結婚不是為愛情而設！

捍衛兒童權是對婚姻平權有疑慮的重點之一，法國就是一個很好的例子，通過同性婚姻法案後，社會持續針對兒童權與社會結構進行示威遊行。

一位同性戀的無神論者說：「兒童需要在一個兩性平衡的家庭單位中成長，但這個法案漠視這種需要。有母親也有父親，那是任何兒童都應有的權利。現在他們把這種社會結構弄得不成樣子了。」他亦說婚姻的目的是為了兒童：「在法國，婚姻不是為了保障兩個人之間的愛情而設。法國的婚姻是特別為了讓孩子們都有個家而設。」

顯然地他也點出台灣傳統社會對婚平疑慮的重點。

修法不是趕流行，應該各方圓滿！

民國黨議員邱靖雅集結新竹縣議員連署陳情書「另立專法保障同志」，也是目前藍綠立院總召有的初步共識，就是在民法外設一個專法，保障同性戀的權益，不過顯然讓支持婚平的朋友不認同，社民黨呂欣潔說：「立專法代表同志是次等公民」，一位網友提出反駁：「原住民電視台，豈不是歧視原住民。」

而婚姻平權不能改變性別，更無法去性別化，立專法是明確讓同性婚姻擁有與一般婚姻相同的一切基本保障，而不去改變原有的家庭制度與社會結構。立專法的用意是同時維護同性戀人的權益，又維護廣大的一夫一妻制的傳統家庭，法學教授陳長文提出一個方法，比另立專法可以更折衷即階段性先以「專編」或「專章」方式納入，不但可以降低修法的對立，也能夠為全世界同性婚姻進程作一和諧標竿。

修法不是趕流行，應該各方圓滿，尊重與包容，如果是要硬生生地用修法來建立，恐會造成更多的社會對立。婚平修法上，正反都應該冷靜下來各退一步，才能找到共識。

毒品議題

近來的犯罪都與毒品有關，
表面上看起來乖乖上學的孩子，
也可能因為朋友的關係誤食染毒，
毒品成為日前重要的社會問題。

不要管廢死了，你知道近來的犯罪都與毒品有關？

解決毒品日益惡化的問題，比死刑更可以亡羊補牢最近隨機殺人的問題。

內湖「小燈泡」命案發生後，社會的輿論聚焦在廢死與否上，甚至有網友開始認為鞭刑才是遏止犯罪之道，因為現在的犯罪者根本不怕無痛、免負擔的「安樂式」死刑；但有多少人注意到，近來少年犯罪都與毒品脫不了關係，而監獄和勒戒所有九成是毒品施用者。所以，解決毒品日益惡化的問題，比死刑更可以亡羊補牢最近隨機殺人的問題。

K他命改二級，有助於改變青少年毒癮環境

為何青少年吸食K他命的案件大幅增加，最主要

的原因就是便宜。至於 K 他命成癮性低嗎？現在法務部對於毒品分類還停留在舊的藥性成癮思維，一個新的醫學實驗否定了 K 他命屬於成癮性低的分類，因為毒品真正上癮的原因不是毒品，而是環境和朋友。

一位曾經共事的朋友，也是跟我們一樣按時認真地上下班，在一次不經意的私下談話中我才認識到，讓我無法聯想過去的他，竟是曾經吸毒還差點販毒。他為何吸毒？對他來說，當時周遭的朋友中吸毒是種很威風的事，而且加上因為持有十克以下 K 他命沒有刑責，所以不會擔心被抓。當時他甚至曾經受到高利潤的誘因而想販毒，但是因販毒有刑責後來打消了這樣的念頭。

這個活生生的例子可以證實，雖然 K 他命改為二級會讓一時迷途的青少年留案底，但是相對於給青少年一個習慣毒品的溫床環境，K 他命改為二級可大大抑制它的施用與發展，是對於青少年更有助益的。

打擊毒品可提高警察士氣，打破反社會人格連續效應

由於社會環境越來越趨複雜，最近無論是捷運傷人與殺人，還是近日的內湖殺童，都別

於以往的仇恨或債務因素，而開始有這類所謂的隨機殺人。當時鄭捷於捷運隨機殺人，便有人提到這是屬於「反社會人格」的問題。

《天下雜誌》寫到，受刑人有五分之一有反社會傾向，而每二十五個人就有一個反社會人格。可能有人也注意到，前警大校長侯友宜說過：「各類犯罪中，毒品都扮演一種穿針引線的角色。」既然反社會人格自然地存在社會裡，就有點像癌細胞自然存在人體裡一般，打破癌細胞的擴張，便是防癌的健康態度。

如果可以在毒品的防治上加上一擊，可以打破反社會人格的連續效應，必會對警察治安防治有大大的助益。

不要管廢死了，給家長一個安心的友善環境

在「小燈泡」命案發生後，社會很快地聚焦在議論要不要廢死上，關於死刑的正義與廢死的人權展開激烈辯論，可是再情緒的對話，還是要回到理性的政策擬訂上，離達成社會共識還真的有一段距離。

相對地，毒品因便宜易取得而氾濫，導致公共場所甚至校園都有K他命的蹤跡，對於家長真的是莫大困擾。既然毒品與犯罪有這麼大的關係，政府應該大力支持，還給家長一個安心的友善環境。

寶寶曾吸毒　但寶寶不說！

看似一則笑話的議會新聞，苗栗縣議員因總質詢時拿出一包K他命，被警察局帶回做筆錄。你認為議員白目嗎？誠然，現在的毒品氾濫，已經到國小五、六年級都出現施用者的地步，由於K他命價廉且容易取得，同學們把香菸摻了K他命之後，呼朋引伴一起拉K菸。家長可能不知道表面上看起來乖乖上學的孩子，可能因為朋友的關係已經染上毒癮。寶寶曾吸毒，但寶寶不會說！

家長可能不知道表面上看起來乖乖上學的孩子，可能因為朋友的關係已經染上毒癮。

毒品成第四大民怨，檢警無法可治！

現在毒品氾濫的問題，K他命已經迅速地蔓延擴散，連國小五、六年級都有施用者。依林達檢察官查緝訪談被告的實務經驗，K他命一包五百到一千就可以買到，只要五個人每個人出一百元，就可以呼朋引伴，摻用香菸形成K菸。

不只苗栗縣，我有朋友在新北市議會工作，許多議員也提出毒品問題要政府「給力」改變，可是真正要討論去改變的，可能是立法院修法的問題。

現在K他命列為二級，有許多教育界反對，林達檢察官反駁修法會讓施用K他命的學生們標籤化，因為如果未滿十八歲犯了刑法，是到青少年法庭並且不會留案底。相對地，如果K他命升為二級，對檢警的查緝卻能大大地加分，因為被抓到的施用者為了減輕刑責，會把毒品來源提供出來，因此更容易找到供貨的藥頭。

斷絕毒品根源與施用場所，政府需要下定決心

依照解毒戒癮的經驗，社團法人中華民國解癮戒毒協會祕書長華琳說：「當務之急，從小學、國中、高中，只要查到有管道進到校園系統的，不管你賣什麼東西，這個來源、這個人一定要嚴刑，先把它救起來。然後再從國家走私這一塊，想辦法把它斷絕根源。」

資深媒體人分析，現在走私這麼嚴重，一定是有包庇問題。

曾為毒品防治辦過多次公聽會的立法委員王育敏則建議，應該在容易小包廂群聚吸毒的場所，建立業者的通報機制，改善青年學子的吸毒問題。總之這些也都是政府要下定決心一道道建立起來的防禦機制。

避免監獄為患，可以強化勒戒與中途之家

目前毒品問題，還有一部分是施用再犯率高的問題。一方面是K他命沒刑責，一方面是毒癮者回歸社會的困難，承受失去尊嚴的痛苦。

目前監獄有近五成是毒品問題，其實可以強化勒戒機制，以及能夠接納毒癮者重返社會工作的中途之家。目前台灣已經有比較成功的中途之家，如苗栗的葛瑞絲香草田和台中的茄荖山莊，不過還是不夠的，政府應該結合更多民間的力量來幫助毒癮者重返社會。

另外，葛瑞絲香草田創辦人劉志宏認為，「信仰不是唯一的戒毒方式，但是常常是很重要

的一種力量。」依照新加坡的經驗，毒癮犯會依各自的信仰來分班，不是像台灣這樣，把所有的信仰混在一起，基督教否定佛教，佛教則把基督教推翻，經過不同宗教教義的相互擺盪，出了戒毒單位反而變得完全沒信仰。看來毒品問題嚴重，台灣必須在解癮戒毒上多方面學習才行。

我國不只是詐騙輸出，還是毒品消費大國？！

我國不只成為詐騙輸出大國，還要成為毒品消費大國？！

因肯亞案在網路上瘋傳「詐騙集團」的感謝狀，令法務部長羅瑩雪感到心痛，但或許令法務部心痛的不只這一件事，在國際犯罪下我國可能成為毒品消費大國，再不努力在毒品防治上努力，網路上可能還可以瘋傳「販毒集團」的感謝狀。在民意優先的氛圍下，鄉民們只關注在有張力、具消費性的新聞上，造成立委長期忽略反毒，這樣的問題像長期吃案，讓毒品成為國家治安的隱憂。我國不只成為詐騙輸出大國，難不成還要成為毒品消費大國？！

當詐騙新聞還在熱鬧，毒品的新聞悄悄地被略過！

最近因為肯亞案而沸沸揚揚的，莫過於在網路上瘋傳「詐騙集團」的感謝狀，可能因為肯亞案涉及兩岸的敏感議題，現在還是搶了很多新聞的版面，不過，不知道立委諸公們有沒有注意到，隨便一天獨立的毒品事件新聞，竟可達三個案件以上。

警方查獲一名男子以「火鍋料」暗語推銷毒品，警方路檢在男子車上起獲毒品與和吸食器，警方查獲一名男子涉嫌吸毒「毒品貼在屁眼上」等……，同樣一天的社會新聞，就是因為不起眼，而被有張力、有消費性的新聞蓋過了。

反毒被忽略像「長期吃案」成為國家治安隱憂

二〇〇五年研考會專案計畫《毒品防制政策整體規劃報告》中，曾表達對我國的毒品防治感到憂心，問題涉及多層面，列舉如下：

一、反毒資源忽略需求面之拒毒及戒毒工作。

二、反毒工作只在軍隊、學校，未真正有效觸及用藥危險群，如職場員工、失學及失業者等。

三、戒治體系功效低導致再犯近五成。

四、缺乏緝毒組織整合，缺長遠規畫。

五、反毒預算嚴重不足（反毒僅占治安經費千分之四）。

如果要改善這些專屬於台灣毒品的課題，可以參考國際間的緝毒成功案例：美國的聯邦緝毒署與新加坡的中央肅毒局都是很好的範本。美國緝毒署除了人力近萬外，「依法」可整合其他肩負緝毒任務機關；新加坡緝毒局與警察並列，其工作人員不具有警察身分，專責禁毒工作。這些成功的例子不是像台灣緝毒，未設協調整合權力機關，緝毒起來多頭馬車，很難橫向溝通協調。

反毒長期未被重視的現象，也反應在國會修法上。按美國與新加坡經驗，我國急切需要專責的單位外，還需要有法律依據組織整合，並需要修法讓反毒人力與資金有充分的來源，而法令執行上與國際有牴觸也急須配合修法。「反毒被忽略的問題就像是長期被吃掉的案」，隱藏國家大大的治安危機。

需要更人性化的方式讓毒癮者重返社會

再犯率為何這麼高？除了便宜的K他命持有二〇公克沒有刑責外，毒癮者如何重返社會尤為重要。毒品合法化對於毒品犯罪是於事無補的，聯合國觀察員奧薩也曾表示：「毒品合法化並不能解決毒品問題。」並強調家庭在預防、治療、康復和重返社會方面的重要性。

毒癮者重返社會在國際上其實有很棒的方法可以學習，像美國有個成功戒毒的「匿名談話會」，藉由互相分享成功戒毒經歷，成員和團體在公眾媒體保持匿名，以保護與協助毒癮者重返社會。

台灣需要更多專注在「重要性」而非「張力與消費性」課題的力量，讓國家不要成為「毒品消費大國」，讓孩子們活在毒品盛行的威脅環境當中。

推「醫療前置化」前應積極修PFI法助毒癮者更生

「醫療前置化」實現的效果可能還有待商榷，如果積極推動PFI立法，擴大民間參與，更可以協助毒癮者更生。

日前立委顧立雄推動「醫療前置化」，引來網友諸多討論或批評，筆者則以另一個角度來看毒癮者問題。顧委員以仁慈之心看待染毒的青少年是值得肯定的，不過在實務上可能會有些落差，實現的效果可能還有待商榷，主要問題包括：政府財政赤字、醫療資源整合、檢警緝毒狀況、毒癮者的心態等。誠然，其實目前有很多民間團體在解癮戒毒上已經投注很多努力，如果可以仿造國外積極推動PFI立法，擴大民間參與，更可以協助毒癮者更生。

民間參與公共建設，應列入更具「服務價值」的PFI

《促進民間參與公共建設法》顧名思義就是鼓勵民間參與公共建設，主要是因為政府資金有限，而立法讓民間團體可以參與公共建設。

PFI（Private Finance Initiative）亦稱「民間融資提案制度」，其 VfM（Value for Money）概念便是政府直接購買約定品質的公共服務，以取代 BOT 方式購買硬體節省公帑，而 PFI 比起 BOT 更具「服務價值」取向。PFI 起源於英國，後被日本等國仿效，適用於監獄、學校、社會住宅等自償性低的公共建設，已在國外施行一段時間且有相當的成效。

北市財政局曾在三年前有意將 PFI 用於公共建設，而目前國內 PFI 成功的案例則是新北市的路燈——以 PFI 方式直接購買道路的照明服務，但目前促參法第八條所列七種民間機構參與公共建設之方式，還未加入 PFI 的模式。

導入民間專業力量，更容易協助毒癮者重返社會！

在 PFI 的執行中，VfM 作業機制為「政府在相同負擔下，若民間辦理能提供較政府自辦更優質的公共服務時，則由民間辦理」。針對毒品防治 PFI 服務內容，筆者提議可設定為：

一、減少毒癮再犯率：除了戒生理的毒癮，還降低對毒品的心癮，並了解毒癮者的交友與家庭環境關係，協助毒癮者避免再次施用毒品。

二、協助毒癮者重返社會就業：目前有許多民間機構都有協助毒癮者重返社會的服務，實為藥癮更生人中途之家，如苗栗的葛瑞絲香草田、台中的茄荖山莊與中華民國解癮戒毒協會。把協助毒癮者重返社會當作是一項穩定社會安全的公共服務。

顧立雄委員推動「醫療前置化」，也可以整合規畫在上述兩個PFI服務的選項裡。應提供心理諮商、藥物協助、信仰協助等多元方式，讓毒癮者可以自由選擇自己喜歡的方式，重點是提供有效的服務成效。

建立PFI法源與制度，避免私人圖利！

任何制度的建立，基礎應以節省公帑來達到實際的效果，如果配套不足只會增加政府財政負擔，並被不肖業者圖利。由於英國PFI與台灣BOT都有業者圖利的問題，故建立PFI制度應該考慮以下要點：

一、以成效為基礎發展：依英國 PFI 經驗，最多花費三千萬英鎊蓋醫院，交給 PFI 卻花了四億一千萬英鎊。所以，PFI 機制議價應以成效為基礎，原來方式即可以達到效果的基礎金額，若花費超過則寧可使用原來的方式進行。

二、避免 PFI 標案承攬公司與顧問公司聯合圖利：PFI 標案仍需透過專案顧問公司鑑價，應該建立監督機制，以避免 PFI 標案公司與顧問公司聯合圖利。

三、PFI 標案契約應透明且可被監督：通常 PFI 是屬於長期的契約，但如果合約不夠透明，複雜的政商關係容易讓不肖商人藉以圖利。

四、PFI 標案應建立機構淘汰機制：PFI 價錢應該反映服務效果，並設置淘汰機制。例如某某民間機構認領某毒癮者以提供解癮戒毒服務，若毒癮者再犯率過高，或無法重返社會工作，應換由其他機構協助此解癮戒毒服務。

立 PFI 法助毒癮者更生，是為了結合民間機構團體長期在這方面耕耘的能力基礎，一方面減少毒癮者再犯、一方面協助重返社會，現今「醫療前置化」的效益推動始為可能。

ABAO
〔愛心你我他-104〕愛心，就是有志者事竟成，滴水可穿石。
〔愛心你我他-108〕愛心，就是圓滿是人生課題，可以從一次次的練習開始，學會駕馭自己的身心。#圓滿在人生的課題不只有愛情 #家庭職場朋友網路都可以學習圓滿
〔愛心你我他-103〕愛心，就是衝刺事業不忘飲水思源。

能源議題

因造成缺電、配比不自由，
非核家園成為電業自由的原罪。
如果再生能源可以準備好，
排碳升高與 PM2.5 增加
不用成為必然的結果。

百日有感能治「太陽能癌」？

林全上任要求各部會施政「百日有感」，經濟部以太陽能光電投資為切入重點，這一帖百日有感能治「太陽能」癌嗎？

行政院長林全上任要求各部會施政「百日有感」，經濟部以太陽能光電投資為切入重點。不過，太陽能產業這十年來國內外死傷遍地的慘狀歷歷在目，不只台積電在去年退出，中環在退出時直呼「太陽能不玩了，曬久了會得皮膚癌！」對於環保忠實的粉絲們，這一帖百日有感能治「太陽能」癌嗎？或是會有新的併發癌變「能源缺口」隱憂？這些問題不能不慎，「非核」為百年大計，發展新能源應務實前進！

政府力推太陽能迄今十年，國內外虧損頻頻

二〇〇六年，扁政府大力推動太陽能產業，如大億科便砸四點五億跨足太陽能。三年時間，國內台半、東捷、大億科退出太陽能布局，大億科、東捷都認列三億元損失。

不只台灣產業。二〇一三年，德商西門子損失約共達十億歐元，博世（Bosch）虧損高達廿四億歐元，紛紛退出太陽能產業。二〇一四年，南韓業者無法抵擋競爭，三星、LG、SK因虧損陸續出走太陽能。二〇一五年，法商Soitec退出聚光式太陽能電池（CPV），西班牙拋物面鏡槽式聚光式太陽能大廠阿苯哥（Abengoa）進入破產程序。中國太陽能產業漢能則股價腰斬，半小時內蒸發超過新台幣五千七百億元。

同樣是二〇一五年的台灣，中環虧了數十億元退出太陽能，茂矽宣布放棄太陽能事業，台積電也選擇全面退出投入六年的太陽能領域。今年二〇一六年，友達停產多晶矽產品認虧六十七億，聯電請辭茂迪董事，也都分別淡出太陽能事業。政府大力推動太陽能迄今十年，國內外虧損破產頻頻，可以說歷歷在目。

需求上升，太陽能產業為何紛紛陷入困境？

《日經商務週刊》也整理出歐美日的太陽能產業窘境，不禁提問：「全球的太陽能需求似將繼續保持上升趨勢。既然如此，太陽能產業為何紛紛陷入了困境？」

對台灣太陽能業者來說，美國反傾銷及反補貼的「雙反案」是一大困境。在高額稅率下，台廠無法銷往美國市場，除非移到零關稅的第三地生產，但美國業者發現這個迴避方式也準備阻止。此外太陽光電系統業者也有一個政策法令上的困境，貸款申請不易且冗長、無合法登記工廠提出申請。

另外，太陽能還有環保上的疑慮，《科技新報》連以婷曾整理一篇專文提到太陽能產業對環境的危害：

一、四氯化矽：矽精煉伴隨非常毒的附產品四氯化矽，足使農地無法種植作物。

二、氫氟酸：切割晶棒需要用強烈腐蝕性的氫氟酸（hydrofluoric acid）來清洗晶圓，就如武俠小說中的「化骨水」，曾導致浙江河中出現大量死魚，旁邊的豬圈也遭殃，幸已確認能用氫氧化納取代。

三、重金屬鎘：薄膜太陽能電池最大宗與深具成長潛力兩種電池都使用重金屬鎘的化合物，它是惡名昭彰的致癌物質，長期暴露可能導致腎臟疾病、肺損傷與骨骼脆弱。

四、碳足跡：除了有毒物質產生之外，碳足跡也是個問題，通常以碳排放强度

（carbon-intensity）為計算單位，也就是生產能量會排放多少的二氧化碳。大部分太陽能的製造廠與安裝會在不同地點，在雙重碳排放強度下，需要兩倍的時間才能補償溫室氣體的排放，因為要將所投入的能源也計算。

因此，一部分的民眾認為製造太陽能板與設備外銷便是把污染留給自己。對於不排斥核能的朋友來說，核能已有新技術可抗九級地震，認為太陽能終將因成本、所占空間過高而泡沫化！

無法不面對的能源缺口，將會是併發的癌變

然而，太陽能背後最大的困境是「無法不面對的能源缺口」。按照政府二〇三〇年推廣太陽能新增容量估計年發電量約十二億度來算，驚人的只占去年總發電量的〇·五%（核能占總發電量十六%）。

不只太陽能的發電量有疑慮，核終創辦人黃士修表示：「芳苑離岸風力示範計畫的規模只有〇·一GW，不到核一二四加起來的二%，而且要二〇二〇年才有機會完工。要怎麼用離岸風電來彌補核電的缺口？」

這些能源缺口的數據可能比太陽能產業的損失看起來更可怕，因為缺電而限電將會是國安的問題，「投資太陽能」可以說是曬久了得的皮膚癌，「能源缺口」卻是併發產生的癌變，這些問題不能不慎。

非核為百年大計，發展新能源應務實前進！

數據顯示，太陽所傳到地球的總能量有四十七%到達地面，每分鐘抵達的太陽能比全世界每年消耗的化石燃料還多，這樣取之不盡用之不竭的太陽能必不是觸手可及。

非核家園是環保的理想，太陽能是在新能源中最被看好的項目，但是務實的腳步一定需要朝野一起來努力。一方面是如何更有效地把大自然的太陽轉換成能源，另一方面是在污染物質上可以處理得當；而發展新能源的同時，又必須要滿足當時的用電需求來進行，才不會操之過急而走回頭路。

拒絕陷入「電業自由」綁架「綠電」的迷失！

執著理想應同步以理性探究事實，但令人感嘆的是，某些抹黑專業的投機政客，善於掩蓋大眾應該知道的事實與真相，說服對於科學數據不探究的公民，科學迷失的現象成為台灣很可怕的公共問題。現在他們更進一步用「電業自由」來包裝成「綠電」的希望。誠然，電業與其他服務業性質不同，資訊透明不見得要「電業自由」，民營化是值得商榷的。拜託，饒了大地與公民的納稅錢吧！全民都應拒絕陷入「電業自由」綁架「綠電」的迷失。

迷失一、執著理想，應同步理性探究事實！

饒了大地與公民的納稅錢，全民都應拒絕陷入「電業自由」綁架「綠電」的迷失。

在二〇一三年，網路上盛傳一張比利時的兩旁架滿太陽能板的高速公路照片，說一年發電量三百三十萬千瓦，超越核四的二百七十萬千瓦，原來這位網友是拿核四的一小時發電量來比。至今還有人在傳這張資訊扭曲的照片，可見盲目的理想真的很可怕。

日前經濟部部長李世光為了推廣政府的《電業法》，聲明「電業引入競爭後會造成電價降低」，但市場競爭並不是萬靈丹，這也就是所謂的「市場失靈」。世界銀行公布《2015經商環境報告》排名，我國在「電力取得」項目排名第二名，僅次於韓國，且兩國電價都居前五便宜，電業卻都是國營獨占，打破以市場競爭追求降價的迷失。

追求綠電或降價，如果不理性探究事實，任何政客都可以對於自己信仰的理想價值以政治力蠻幹，這樣產生的破壞可能是無法恢復的政策傷害。

迷失二、綠電綠不綠？不能盲目支持「名為綠電」的政策

蔡政府強調不能在「核電」與「缺電」之間二選一，應和了某些人盡可能把台電抹黑的

手段，如「缺電多是台電恐嚇手法」、「台電為推核電製造缺電」等，讓民眾不肯聽能源的專業建言，因此從二〇一四年還有近十五％的備用容量，到現在政府已經因為缺電問題，計畫花九十億跟日本租借天然氣發電機。

很早之前網路上便有「非核即火」這樣的能源觀念，如果民進黨執意不碰核能，核一廠與核二一號機年限都將於執政這四年到期，這麼短的時間內勢必無法讓「名為綠電」的太陽能、風力、水力、潮汐等能源到位，這個能源的缺口勢必由傷害環境的火力取代。

不核電、不缺電等於擴增火力用電，難道要深深的傷害環境，才能證明盲目的支持「名為綠電」是錯的？

迷失三、資訊透明不見得要「電業自由」

綠色消費者基金會董事長方儉也趁著這次電業自由化的名義，參與「開放台電缺電調查團」，結果自己深入台電資訊後說要開辦個電力公司，這樣貪圖利益的吃相確實有點難看。

電業與其他服務業不同，資訊透明不見得要「電業自由」，民營化是值得商榷的！例如，電業有很多政策性支出，賠錢的輸電、購電都留給國營事業，台電勢必在營運上產生極大的困難，電價可能因此便宜嗎？另，明列發電燃料配比規定，確實也有政策上的限制，恐與推動電業自由化的精神背道而馳。這些都是電業與其他服務業性質上不同，不能期待以民營化達到綠電與便宜的目標，其重要的根本原因。

反核　您不可不知的PM2.5

政府堅決反核，如果再生能源可以準備好，排碳升高與「PM2.5」增加的環境惡化結果，便不用成為台灣必然的選項。你知道在二〇一一年台灣每年每人的碳排放已經是亞洲第一嗎？而且是一九九〇年後全球增加量平均速度的三倍，其中電力便占了總排碳量的六成。火力發電不只產生排碳問題，還會產生大量空污，包含煤、石油等火力發電，均會製造健康的殺手PM2.5，這也是如今對於「反核」的最大疑慮。

如今「反核」的最大疑慮，便是能源缺由火力發電填補，產生大量的健康殺手「PM2.5」。

再生能源沒有我們期待準備得快

聲稱可取代核能的中山大學「黑潮發電」最近熱鬧

不已，但我們可以從一個簡單的生活問題來理解是不是準備好了：若以一部需要廿六千瓦的電梯來說這個黑潮可以供幾台電梯使用？答案是零。這個平均功率廿六・三一千瓦的發電，除非有一個穩定度非常高的大電池，否則將無法提供任何一具電梯正常使用。

而這當是國中生的兩題數學題，大家可以隨手拿筆來驗算（參照圖表如下），台灣核能的發電量每年約四百億度（即約平均每小時四百五十六萬度，並不是新聞誤寫的每天四百萬度），亦即平均每小時發電量有四百五十六萬千瓦小時。如果要以黑潮發電取代台灣核能，可計算出需要十七萬組如此的黑潮發電機。

至於比利時著名的太陽能高速公路長度計三・六公里，一年發電量三百三十萬千瓦小時（即平均

	核能（核 1~3）	黑潮發電（研究單位機組）	比利時太陽能（長 3.6 公里）	中山高設太陽能（長 373 公里）	芳苑離岸風力
年發電量（度/kWh）	400 億[1]	23 萬	330 萬[2]	3.5 億	8.75 億
每小時發電量（度/kWh）	456 萬	26.31[3]	377	4 萬	10 萬
規模（瓩/kW）	456 萬	26.31	377	4 萬	10 萬[4]
發電量比例	1	1/17 萬	1/1.2 萬	1/114	0.02

➢ 註：1 度 ＝ 1 千瓦小時 ＝ 規模 1 千瓦發電 1 小時

➢ 標號 1~4：請參考文末的「參考資料」。

約每小時三百七十七千瓦小時），以同樣太陽能板不計成本地鋪在台灣長三百七十三公里的中山高速公路上，每小時可以產生約四萬千瓦小時，如此也要鋪一百一十四條中山高速公路才能取代目前台灣的核能。另外芳苑離岸風力也是不到核能的二%，重點是，這些再生能源最大的問題就是供電不穩定，要併入商轉使用還有疑慮。供電穩定的問題，也是目前電力還是以核能與火力為主的原因。

拒絕核能，碳排問題與空污致死升高是必然結果

依目前再生能源發展狀況，若政府執意不碰核能，每年約四百億度的核能缺口必會由火力發電取代，屆時火力將成為發電主力，以至台灣九四．四%的電力將由火力發電產生。

此外，拒絕核能而以火力填補，一定要知道碳排與空污問題成為必然結果，綠色生產力基金會董事長林志森指出，燒煤產生一度電，會排放〇．九公斤的二氧化碳，比石油（〇．七三公斤）、天然氣（〇．四三公斤）還高。除了碳排產生溫室效應外，火力發電也會產生PM2.5、SOx、NOx 等空氣污染物。世界銀行與美國華盛頓大學健康指標與評估研究所的最新聯合報告《空氣污染的成本：強化行動的經濟依據》指出，空氣污染已成為最致命的污

染，是全球導致過早死亡的第四大風險因素，大約五百五十萬人因室外和室內空氣污染導致的疾病而喪生，而過早死亡的結果，使得二〇一三年全球勞動經濟損失達兩千兩百五十億美元（約七萬一千七百億台幣）。

James Conca 在美國商業雜誌 *Forbes* 提到，全球因為火力發電因素而死亡的人數達到廿一萬人次，而風力與核能分別只有一百五十與九十人，這顯示一件驚人的事實：「謠言比核能的輻射可怕」。

拒絕核能，將增生 PM2.5

二〇一五年經濟部新聞稿指出，包含電力業的工業污染源原生性「PM2.5」占全國來源比率為廿三%，煤與石油等火力發電都會產生 PM2.5，拒絕核能之後，PM2.5 產生量勢必會提高。直徑小於或等於二．五微米的懸浮粒子稱為細懸浮粒子（PM2.5）。懸浮粒子 PM2.5 能夠在大氣中停留很長時間，並可隨呼吸進入體內，積聚在氣管或肺中，影響身體健康。現在，許多研究已證實，懸浮粒子會對呼吸系統和心血管系統造成傷害，導致哮喘、肺癌、心血管疾病、出生缺陷和過早死亡。

英國發表於《美國國家科學院期刊》最新研究亦指出，空氣污染的懸浮微粒會進入人類腦部組織，科學家懷疑這些污染微粒可能是失智症等腦退化疾病的「重要風險因子」。雙和醫院神經科主任胡朝榮表示，近來確有部分研究發現空污中的PM2.5微粒可能造成影響失智的腦類蛋白形成與堆積。

全民健康基金會分析，針對PM2.5，使用N95口罩才有效，不過若非在濃度極高的環境或本身有呼吸道疾病患者，戴一般口罩即可。PM2.5是一種污染物指標，濃度越高代表空氣品質越不好，N95口罩只能擋住顆粒，仍擋不住氮氧化物或臭氧等有毒氣體，因此即使戴了口罩，仍應避免長時間在這樣的環境下活動。

反核，我們怎能不知道連帶產生的碳排問題、空污與PM2.5會帶來環境與人體的影響？

【資料參考】
1、台電公司核能看透透網站。
2、東森新聞雲——比利時太陽能國道發電量大贏核四？反核網友PO文被打臉。
3、民報——黑潮發電取代核能！中山大學陳陽益團隊「世界第一」。
4、經濟部能源局——芳苑離岸風場肩負示範使命。

電業自由化

攸關百姓荷包與能源安全

經濟部因應民進黨推行電業自由化修法，羅列出了四大益處：友善綠能產業、開放競爭提升效率、多元選擇、電網開放等，另還有能源配比、高用電戶選擇等限制。立意雖好卻有其需要審慎再評估的部分。

「電」與其他商品不同，無法併入商轉的電力，猶如一年四季泡水的稻田！「電業自由化」攸關百姓荷包與用電安全，就像的潘朵拉盒子，一但打開，問題就會層出不窮，若沒有適度修正謬誤，又缺乏完善配套，貿然通過施行，只怕還未達到環保目的，就會面臨缺電的國安問題。

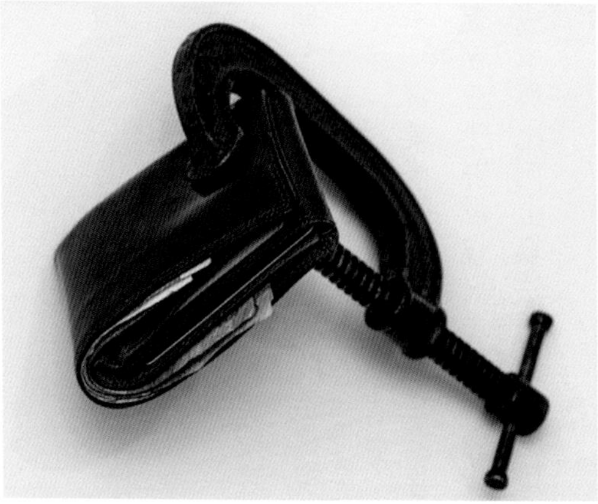

電業自由化修法，若沒有適度修正謬誤又缺乏完善配套，只怕面臨電價必漲與缺電的國安問題。

政治無視能源專業　電業與環保不能混談

這次有一部分民眾支持政府電業自由的原因，是期待環保效益，但電業自由要與環保分開，不能混著處理。政治無視能源專業，猶見雞有翅要其飛，是揠苗助長！

電業修法立意是站在友善環境的基礎上殆無疑義，但是藉每家業者都必須符合五十%燃氣、三十%燃煤、二十%綠能的能源配比，以提高支付投資綠色能源，效果確實是有它的高成本與比例上無法配合的困難。環保無法避重就輕，不能藉電業自由來處理能源環保問題。

如果要用政策控制環保，政府可以用課稅的方式進行。發電課發電稅：如排碳稅、空污稅、廢水排放稅、核廢料研究暨處理費、再生能源研究稅，按不同發電方式、不同比例分攤污染與研究成本來課稅，成立環境保護基金專款專用。而「政府不該視核能為環保的毒瘤」，綠色公民行動聯盟指出，包含核電廠除役、核廢料處理的核四發電成本，一度電也只要一・六元！

綠能的成本不是單純倍數成長

目前臺灣有五．六％的發電量比是綠能，如果要照目前政府計畫達到二十％綠能，可行性與成本暴增是有待商榷的。

首先，綠能的成本無法像目前基載電力的核能與火力一樣倍數增加，綠能生產不像核能與火力一樣，只要買足原料就可以發電。名為綠能的太陽能、風力、黑潮甚至水力，要在其他地方增設發電機投資，投資同樣成本，可能一年平均下來電量更少、效果更有限，所以風力才會有離岸這樣的設計。

另外，因電有「不能等、不能存、動態平衡」的特質，綠能因發電不穩，有儲存的問題，目前抽蓄水力只占一．四％，可以用離峰時多餘的電量，晚上從明潭下池抽到日月潭上池，除非有超大容量的電池，才能彌補綠能的不穩定問題。在儲電問題解決之前，就算綠能的發電量達到頂峰時，只能靠部分其他燃氣或油停機來因應電力動態平衡的問題。

電力投資不是一般的產業，如果沒準備好，電力不穩定，就無法成為正式的電力，若綠能的不穩定成為大量，卻無法併入供電，最後結果，業者可能是搭配燃氣或油的基載電力來提供用戶，而自己吸收綠電發電的成本，最後根本達不到環保的效益。除非要求台電訂契約，將這些多餘的電力成本買下來，不然綠能電廠會接二連三地倒閉，這也是成本會大幅增加的原因。

如果投資綠能產生的電，無法成為供電來源，還會形成電力缺口，還未達到環保就會有缺電的國安問題。

賠錢的給台電，負擔還是回到人民

台電從一九九九年起，與九家民營電廠簽訂二十五年合約，本身還虧損的狀況下，高價買入綠電，低價賣出，讓民營電廠賺五百二十六億，幾乎做著穩賺不賠的生意，虧損卻是台電吸收。

經濟學與能源專業猶如評估電業法的雙眼，少一個便無法看清關係遠近、判斷情勢危險。在經濟學來看，市場競爭會取得低價，但卻少了對能源專業的剖析：電業自由之後，雖高買低賣的情形不會繼續下去、民營電廠利潤縮水，但能源比例限制與禁核的做法，還是會讓發電端的成本集體暴增，形成漲價的結果。以目前台灣缺電的狀況，再生的儲電沒準備好時，還會有只能擴增火力發電、而使環境日益惡化的環保問題，同時缺電危機仍然無解。

依目前政府的電業自由規畫，其結果是電價必漲，同實帶動整體物價上揚，交通費用亦必然應聲而漲價，這些都要全民買單，導致中低收入戶陷入更苦的生活困境中。或許誠如經濟部長李世光所說的「電價由電價公式決定，根本不可能電價漲三倍。」但即便電價確實可以用公式來控制不漲價，只要台電吸收成本，再間接從國庫拿就好，這樣跟漲電價不是一樣的道理？

兩岸與國際局勢

多看些國際新聞，
不只看草根評論，
從「地球人」來理解不同的國境。
成為致力世界和平的王道，
不是製造戰爭的霸道。

多看些國際新聞　不只是看草根評論

在國際情勢對台灣越來越不利的狀況之下，多看些國際新聞，不只是看草根評論，是從我們自己開始的第一步。

巴拿馬與中華民國斷交，蔡英文上火線批評北京利用「一中」來打壓台灣，她確實做到了聚集人民對大陸反感的情緒。但我心裡對這樣台灣反陸的心情卻是擔心，蔡一次又一次聚集了仇恨的情緒，然後呢？在國際情勢對台灣越來越不利的狀況之下，我們只能躲在這裡自怨自艾？

台灣新聞，多綜藝與評論性質，偏差的民主與自由，帶來內耗不止的惡習，而執政者私心凝聚仇恨，卻帶領台灣走向滅亡。多看些國際新聞，不只是看草根評論，是從我們自己開始的第一步。

台灣新聞，多綜藝與評論性質

台灣的鎖國不在於網路限制，而是在於人民的心態封閉，加上惡質的民粹選舉風氣，導致媒體只針對自己鎖定的族群而設計新聞。

這樣的新聞一定有兩個「很有趣」的特徵。首先就是綜藝化，台灣與其他地方的新聞最大的不同，就是新聞可以當綜藝節目看，一個單純事件的新聞卻冗長繁複地報導，這對於想要知道多方面消息的觀眾而言反而是疲勞轟炸。第二個特徵就是台灣的新聞總是無法專業地描述事實，而是常用評論的手法來寫新聞，換句話說，台灣的記者比較像是社論的作者而不是記者。

因此，媒體就會有政治色彩、會有立場、會有方向性的報導。

偏差的民主與自由，帶來內耗不止的惡習

一篇工黨主席鄭昭明寫的〈台灣人寫給台灣人，形勢已大變〉的文章，寫道在大陸工作後再看台灣環境的感觸，整篇聽起來刺耳，但如果有在長期觀察國際新聞，這篇文章寫得卻是不爭的事實。

民主與自由，本來是中華民國在台灣值得驕傲的政治形態，如今卻成為蒙住雙眼不看世界與內耗的絆腳石。呼籲台灣的朋友們，多看些國際新聞，不要設限看什麼來源的國際新聞，多看不同立場的媒體，可以看到更完整的面貌。不要只是看草根評論（而台灣許多新聞卻像極了草根評論），吸地氣不忘看清事實，才能認識世界目前在哪兒。不然，網路是自由的，但我們卻都還活在封閉資訊的思維裡。

執政者私心凝聚仇恨，帶領台灣走向滅亡！

民進黨將巴拿馬斷交責任推給大陸，現在台灣有一部分的人民仇視大陸，也開始有改國號的討論。但如果真如游錫堃說的改國號，或如吾爾開希所說的不爭中國的代表權，可以跳過別人的建交公報中所提「台灣是中國的一部分」來建立邦交這麼簡單，那真的太天真了。

會有這樣天真的現象，正是因為台灣媒體的政治色彩鮮明，而網路又鎖定特定的方向來報導，當然看不到全貌，有網友戲稱這樣天真的思想是「阿Q精神」——阿Q使用的是「精神勝利法」的慣性思維邏輯。

在民粹的風氣之下，如果執政者帶有私心，會將國家帶往滅亡。一篇天下雜誌的評論〈中國曾顧及兩岸關係　不願與巴拿馬建交〉，十足證實蔡政府的兩岸政策錯誤，跟大陸撕破臉，就是跟自己過不去。中華民國目前最需要的，是有智慧可以緩解兩岸對立的領導人，而不是為了自己的政治版圖、聚集仇恨大陸情緒、把國家帶到險境的盲目魯莽者。

多看些國際新聞，不只是看草根評論，從我們自己開始第一步。

美豬來台　政府不該讓農民挫咧等！

眼見美豬要來台灣，政府在扮演農業轉型與建構行銷平台上迫在眉梢，不該讓農民挫咧等！

最近在網路上，對於民進黨昨是今非的諸多指責中，莫過於之前反對美牛來台，執政後美豬卻馬上要開放來台，被網友諷為「美豬髮夾彎」，其實這是屬於意識形態選舉後的現實錯亂。眼見美豬要來台灣，經濟部雖有溝通小組在各地交流，卻還有四成四的農民沒聽過TPP。

現在7-Eleven一根香蕉的售價，已比曾有香蕉王國美譽的台灣產地一公斤的售價還貴，若TPP的自由化程度超過WTO，勢必帶來的衝擊比之前加入WTO更大。政府在扮演農業轉型與建構行銷平台上迫在眉梢，不該讓農民無可奈何的挫咧等！

朝野搞意識形態選舉後，產生的現實錯亂！

雖然台灣再次政黨輪替，蔡英文被美國時代雜誌公布為全球最具影響力的百大第十九名，被稱為台灣的民主價值，但是目前台灣選舉的意識形態化所導致的現實錯亂，卻是國民必須要一起擔心的事。

例如，為何現在民進黨在許多政策上，會有昨是今非的問題，最主要的原因是在選民非藍即綠的生態下，導致只要先醜化對方，等到選上了，該怎麼解釋居時再說；但是血淋淋的國際競爭現實等著農民，中華民國不能再等民主成熟時再來面對。

在 7-Eleven 買的香蕉不是台灣的？！問題在貿易整合

很多網友可能還不知道，在 7-Eleven 買的單根貴到十八元的香蕉，卻不是產自台灣。

當年占有日本八十二%的市場、且可以賣最高價的香蕉王國，怎麼落得今天這副模樣？台灣香蕉研究所祕書室主任林德勝說，主要原因是「盲目的開放卻沒有通盤地考量與配套」。

若要以國際間富有行銷盛名的水果作參考，莫過於紐西蘭的「ZESPRI」奇異果。林德勝說的台灣貿易商內鬨問題，剛好呈現出紐西蘭成功的因素：單一貿易商整合果農。本來不屬於紐西蘭境內的奇異果，在一九〇四年引進後，「集中果農實行單一出口制，瞭解市場成功協調果農與行銷，推行內部嚴格品管確保果品安全，培育新品種克服病毒挑戰」，營收成為是世界第二大奇異果公司的十倍。

如果不知道紐西蘭的「ZESPRI」如何整合果農，加上沒認知台灣蕉農不習慣單根賣，你不會明白 *7-Eleven* 架上的香蕉來自菲律賓可是大有原因。

媒合活動搭配技術改進與優惠辦法，推行農業整合與轉型！

如果加入 TPP 對農民的影響將更加全面，技術改進、優惠辦法、廠商媒合都需要多管齊下才能因應。即使目前經濟部有溝通小組到各地進行交流，農會不知道 TPP 的卻還有兩成，農民更有四成四沒聽過，可見「溝通的方式」效果真的有限。

一九九〇年代以前，台灣的農業成長率約有三分之二是來自技術的改進，可見試驗所等相關單位於「技術改進」上已經扮演重要推手。至於「優惠辦法」可以取經於南韓的影視產業，比如列出國家新發展的特色農業項目，實行減稅與低利率方式，鼓勵農民與貿易商投資轉型。

另外「廠商媒合」的部分，之前我有一段時間，跟幾位長輩朋友致力推廣農業廢料製成的環保塑料PSM，參加的研討會是政府相關單位主導的，參加者有原料商還有塑料使用的相關產業，研討會安排幾個新的塑料趨勢與相關產品演說，也藉此讓廠商互相交換名片取得合作機會。同樣的，農業的整合需要更全面性地找農民、貿易商來舉辦類似的研討會與媒合活動，搭配技術改進與優惠辦法來實行推展，使農民或貿易商願意下功夫往這個方向前進，而不是目前這樣「經濟部派人與農民溝通一下」就好。

政府在扮演農業轉型與建構行銷平台上已迫在眉梢，不該讓農民挫咧等！

小英的考卷——兩岸最難在國內仇恨情緒！

對於擔心兩岸惡化的網友們來說，蔡英文的就職演說確實讓人鬆了一口氣，台股也給足面子，破二〇〇〇年來五二〇下跌魔咒而收紅；但國台辦卻視之為「沒有完成的答卷」，總是犀利的李敖則評：「這麼滑頭都是空話，看似滿足某種人欣喜快樂。」小英的考卷廣含經濟、社會安全、公平正義、兩岸與外交等，這張沒完成的考卷，兩岸這題最難的其實不在外頭，而是在於國內的仇恨情緒。

小英的考卷廣含經濟、社會安全、公平正義、兩岸與外交等，兩岸這題最難的其實不在外頭，而是在於國內的仇恨情緒。

最可怕的民主——「仇視一切不滿」

確實，對於求好心切的網友們來說，蔡英文的演說面面俱到，誰都不得罪，但是這樣漂亮的演說稿，並不是每個人都會埋單，最大的批判聲音，莫過於認為小英未具體提出做法，只是謹慎地迴避四處布滿的地雷。

很多網友分享總統就職的訊息，除了有些人覺得贏了選舉開心地慶祝，有些人持續酸民模式批評，有些人則淡定地說：「人民在期待問題解決。」

對一些不滿足的人來說，蔡英文模糊了目標與政策，無法帶動全民努力，但現在最大的難題卻在於「國內的仇恨」。如有人看小英的演說後評：「她只會空與騙」、「感覺好像接到詐騙電話」，有網友則回應國台辦的發言說：「關你中國屁事」、「噁心」。

中華民國在台灣，目前在體現最可怕的民主——「仇視一切不滿」的危機。

聆聽，從「地球人」的角度來將心比心

洪蘭曾經提到，治療一個人的憂鬱症有個方法，就是鼓勵他每天想三件因別人幫忙而順

利的事。兩岸關係在新政府最大的課題，在於國內部分的人仇視中國的情緒，欲化解這一切的仇視，要先從學習聆聽與將心比心開始。

有次參加一個上海的兩岸交流活動，行程裡大家很刻意避免談到太過於政治的議題，因為活動實在太長，還是不免擦槍走火談到了。一位上海的學弟激動地說兩岸是同一個血緣，一開始我有嘗試地想解釋台灣的現況與環境，但是看到他在情緒上，於是停下來聽他說，這半個小時的聆聽，我的心境上有個很奇妙的轉變。

原本的我是用「台灣人」的角度來看兩岸問題，突然，我從「地球人」的角度來理解出生於中國大陸的這位學弟的心情。我於是明白，兩岸的問題並不只是我從小到大在台灣出生的立場可以同理，於是回應他說：「雖然我們無法選擇出生在哪兒，但是我們是可以選擇當朋友。」

追求兩岸和平合作，無法用「南下政策」來擱置

剛好相反的，有位大陸的網友曾遇到一位台灣青年，一番好意地提到：「中國人不該打

中國人。」沒想到對方激動地嚷：「我們不是中國人！」這位大陸網友的結論是，「不用抱什麼幻想了，做好（打仗）準備吧！」

其實這樣的對話可以不是以戰爭結束，但需要政府的目標明確：追求兩岸和平與合作。換句話說，雖對獨派的人來說，放下仇視不是件容易的事，但是兩岸問題無法用「南下政策」來擱置與迴避，「建置更完整的兩岸理性對話與交流的政策」，必會是未來兩岸關係重要的要件。

一個南海仲裁，漁民遭遇多樣情！

同樣一個南海仲裁，不同政府的態度，其國家的漁民就會有不同的遭遇與心情。漁民的心情有誰真正關心？

同樣一個南海仲裁，不同政府的態度，其國家的漁民就會有不同的遭遇與心情。讓我們簡單比較南海仲裁後各政府的反應：中國大陸鼓勵漁民去黃岩島捕魚並派海警保護，出港時還放鞭炮；菲律賓雖贏得仲裁，卻請漁民還是不要去黃岩島；而中華民國的漁民就冏了，去太平島回來可能受罰。政府的態度直接反應漁民的狀況，台灣的網路鄉民又再次為了統獨議題對戰，但漁民的心情有誰真正關心？

中國大陸：別人越侵犯我越強硬！

經過釣魚台與南海仲裁之後，中國大陸護主權的態度越來越強硬。在台灣的大陸民眾轉述，現在大陸政府鼓勵漁民去黃岩島捕魚，出港還放鞭炮，如果有遇到菲律賓干擾馬上告訴政府，二〇分鐘立刻抵達，只要菲律賓漁船靠近，不再以驅趕為手段，而是立即逮捕至北京。

而之前李登輝放棄主權的釣魚台，中國大陸護主權轉強硬後，在這個月計有六艘海警與二三〇艘漁船一起到釣魚台宣示主權，讓日本直跳腳，向中國駐日大使抗議。

難怪網路有個笑話，「中國：誰打他他就打誰！」之前日本、菲律賓不搞小動作前中國不這麼強硬，現在政府不只護領海主權，還鼓勵漁民前往捕魚。

菲律賓：雖然仲裁贏了漁民還是不要去黃岩島！

菲律賓的漁民在南海仲裁一宣布時，大家均歡呼著：「贏了！贏了！」以仲裁的結果來說，菲律賓可是大贏家，仲裁庭不只宣布菲律賓的經濟海域主權，其他國家更不應該進去捕魚與製造事端。

不過，菲律賓漁民這樣歡欣鼓舞的心情應該只有一開始幾天而已，因為中國大陸的態度轉為強勢，聲明只要菲律賓漁船靠近就直接逮捕，所以菲律賓政府請漁民們還是不要去黃岩島捕魚，菲律賓的外交部在記者會上直言：「雖然南海仲裁案的結果非常明確，但現場的現實並非如此。」

菲律賓多多少少經濟上也依賴中國，目前已派前總統拉莫斯去中國破冰，希望可以開啟正面的中菲對話與互動。

中華民國：漁民去太平島會受罰！

相對於中國大陸政府不只保護漁民還鼓勵漁民去捕魚，菲律賓政府為了保護漁民而勸漁民不要去黃岩島捕魚，台灣政府的態度變得非常詭異，不僅不保護漁民，在漁民集結要去太平島護主權時，還聲明回來時要給予處罰。

而綠媒也配合蔡政府的態度完美演出，譴責馬政府之前據理力爭，招致菲律賓找更多理由反駁太平島相關的證據。綠媒對前朝馬政府的責難有個貼切的比喻：「有人要強暴你，你反抗後還是被強暴了，這是因為你的錯誤反抗造成強暴犯更興奮所以真的被強暴，面對強暴犯，只要沉默不理他就沒事了，所以都是你的錯」。

因南海仲裁扯到中國大陸，台灣的網路鄉民再次在反中、親中之間開始互相責難，似乎忘了像「滿吉勝號」的陳富盛船長一樣的漁民，他們才是受到真正衝擊的受害者，登島護主權卻被政府打壓的心情。船長十七歲開始捕魚，身邊認識的朋友都是漁民，而如今成為政府眼中不重要的問題，一直被不關痛癢的聲明或政策冷處理。

時間站在中國大陸這邊！

南海仲裁後，多國漸漸向中國大陸靠攏，連南海關係國的越南甚至菲律賓都無不在列。

中國大陸除在東協上取得外交勝利外，七大工業國組織G7除美日都加入其主導的亞投行，今年主辦杭州的國際經濟合作論壇G20，更讓中國大陸處於全球經濟的領導地位。美中軍事競賽中，因美國常以自身利益為前提頻頻樹敵，中國大陸反而從韜光養晦到透出光芒。南海仲裁出爐後，時間站在中國大陸這，蔡政府卻選擇與其敵對？！

南海仲裁出爐後，時間站在中國大陸這，蔡政府卻選擇與其敵對？！

南海仲裁後，多國漸漸向中國大陸靠攏！

南海仲裁後，許多國家漸漸地向中國大陸靠攏，除了多個國家表示支持中國大陸立場外，最挺中國大陸的大國莫過於俄國了，除了警告美國不要介入東海與南海，支持中國大陸不承認南海仲裁結果，在九月分更與中國大陸在南海實施軍演。

南海仲裁案後，南海權益相關的越南其態度也轉而靠向中國大陸，中國大陸國家主席習近平九月中於北京與越南總理阮春福會談，雙方同意對南海問題管控分歧，務實推進合作，中越關係迅速回暖。

就連南海仲裁的提出國菲律賓，仲裁後沒多久便先對美國立場質疑，其主流媒體指出美國應為菲律賓報銷這筆費用，因為仲裁案給了美國干預南海事務的藉口。後來，總統杜特蒂一度說出：「我要問問美國大使，你們和我們（在南海問題上）是站在一起的嗎？」杜對美國的公開質疑當時已經在菲國內引起共鳴。甚至，杜特蒂後來更表示考慮向俄羅斯或中國大陸採購武器，並終止與美軍共同巡弋南海。

中國大陸在國際組織取得認同或經濟影響勝利

南海仲裁後，中國大陸在國際組織的外交上取得勝利，第一令人關注到的時間點，就是親中的柬埔寨作梗，造成東協對南海無共識結果，中國大陸還公開對柬埔寨表示感謝。

雖然，剛在紐約舉行的G7外長會議，共同聲明反對在中國大陸東海和南海的單方面行動，但中國大陸卻也悄悄地在經濟上對G7產生影響力。就在九月初，一個很指標性的事件，便是北美加拿大也加入亞投行，而德國、法國、英國、義大利於之前都加入下，G7只剩下美日未加入。

雖G7中沒有中國大陸，經濟日報卻指出，中國大陸的GDP已從一九七八年的第十五名，躍升為二〇一〇年的全球第二。但G7的GDP占全球的比例，卻從一九九〇年的五十一%，急降到二〇一四年的三十二%，其中美國從二十二%降到了十六%，日本從八．八%降到了四．四%，G7由盛而衰，趨勢至為明顯勢頭擋不住。也因此，國際經濟合作論壇G20九月初在中國大陸杭州舉辦，有明顯的超越G7的影響力，中國大陸藉這次G20與交惡國家修好，創造人民幣時代並而進入全球經濟決策圈。

二〇一六年十月一日，人民幣入籃，正式成為國際貨幣，擠身於美元、歐元、英鎊、日圓的SDR貨幣籃子之列。

美中軍事競賽，中國大陸從韜光養晦到透出光芒

美國雖曾有世界警察之名，但手段向以利益以為主到處樹敵，如流亡在美的教士葛蘭策動土耳其政變、在菲律賓內部密謀推翻杜特蒂、在敘利亞事件與俄對立。尤其助南韓與北韓對立，使北韓在核試上面越增頻繁，美國竟無助南北韓溝通，還派轟炸機到南韓，並暗助南韓計畫暗殺金正恩，實為對付海珊政權的翻版。

美國在亞洲的勁敵中國大陸，軍事作風向來是韜光養晦，不想讓區域感受到中國大陸崛起造成的壓力。南海仲裁後，中國大陸的態度趨於強勢，不理南海仲裁、無視聯合國制裁增購北韓煤鐵產，九月除了與俄的南海軍演外，還因四十架戰機飛越宮古海峽做遠洋訓練使日跳腳。中國大陸的軍事崛起，目前擁有百枚中遠程彈道飛彈、海軍艦隊規模亞洲最大、空軍規模世界第三，更打算在二〇〇五年前建造出六艘航空母艦。

時間絕對是站在中國大陸這裡，不僅經濟影響與軍事實力，俄媒也在九月指出中國大陸能源上的角色崛起，中國大陸將成核能行業領導者，使美日壓力倍增。

時間站在中國大陸這兒，蔡政府卻選擇與其敵對？！

世界上與中國大陸關係最密切的，莫過於台灣了。中國大陸崛起而兩岸敵對，台灣鐵定是吃虧。

蔡政府上台後，刻意不談中國大陸視為兩岸共同政治基礎的「九二共識」，使兩岸溝通迅速掉至谷底。這次南海仲裁，不但沒有使兩岸化敵為友，反而越走越遠。蔡英文不但不畏懼中國大陸崛起，甚至公開信鼓勵民進黨起而對抗，實為不智之舉。

台灣進不了ICAO年會、四個月計一九八名台灣人涉詐遭遣送中國大陸，都代表中國大陸國際上的影響力。蔡政府南下政策，企業到越南卻受到重罰，而現在越南也向中國大陸示好了。種種國際互動皆顯示「時間站在中國大陸這兒」，而蔡政府卻選擇與其敵對？！

兩岸課題——蔡應學會栽的橄欖枝！

蔡英文應該學學其他國家領導人栽的橄欖枝，化解國內分歧對立、平衡美陸關係，彈性往來改善兩岸的關係。

國家的方向如果不對，猶如一隻螃蟹方向不對爬進了滾燙的鍋裡，引起國家整體的安全問題。蔡英文在冲之鳥與太平島爭議處理、大法官提名上，都展現實質台獨的企圖，陷台灣於兩岸戰火的危險當中。或許蔡英文應該學學其他國家領導人栽的橄欖枝，如曼德拉化解國內分歧對立、翁山蘇姬平衡美陸關係，彈性往來才不會陷自己於不義，有機會真正改善兩岸的關係。

曼德拉的橄欖枝——化解國內分歧對立

蔡英文帶領的政府所強調的「轉型正義」，沒有帶領國內仇恨走向寬恕卻再造另一個權威。兩岸的議題上，台灣內部有統一、不獨、獨立三個民意傾向，蔡口說保持現狀卻帶領台灣走實質獨立，如無法為漁民爭取冲之鳥是礁、不登太平島、提名不認同中華民國的大法官，讓國內針對兩岸與國家認同議題陷入對立氛圍。

相對地，曼德拉為全球樹立一個團結全國的典範，在國內長期被白人欺壓的種族仇恨下，不算計個人政治生涯，勇氣與魄力地帶領黑人寬恕白人，同時用黑人與白人當隨扈，並帶領全國共同支持以白人為主的橄欖球隊。

蔡於兩岸關係上執意選擇台獨，排除了統一與不獨的民意，讓台灣陷入兩岸議題的對立關係。同樣為民意，蔡應學南非前總統曼德拉的橄欖枝，包容國內不同聲音，化解國內分歧。

翁山蘇姬的橄欖枝——平衡美陸關係

拿到諾貝爾和平獎的國務資政兼外交部長翁山蘇姬，雖提倡國家民主化卻不走排斥中國大陸的道路，在九月分訪陸受到高度重視，平衡美與陸的地緣關係。

蔡英文上台後，因過度傾美，導致兩岸關係繼陳水扁後再次進入緊繃狀態。蔡英文應該學翁山蘇姬的橄欖枝，體諒中國大陸走自己的民主自由道路，尋求與中國大陸的互動之道，平衡美陸在台灣的區域勢力，而不是將部分的台獨民意無限上綱，推兩岸關係於懸崖地。

中國大陸重視中緬關係，對中國與「第三世界」國家具有示範作用，並開啟一道通往印度洋的大門。中國大陸鐵會更重視與台灣的關係，兩岸的穩定會讓民主國家相信中國大陸的崛起是安全的，為了兩岸關係，中國大陸必願意投入更多代價，只看蔡英文願不願意。

彈性往來才不會陷自己於不義

蔡英文創造中國大陸無法理解與接受中華民國存在的假象，其真相是，蔡心知肚明中國大陸的底線，卻不想擱置兩岸無法和談的爭議。以目前蔡聯美抗陸的做法，有台灣學者認為會陷入古巴當年聯蘇抗美，陷入經濟衰退與安全困境。

相較於蔡的強勢，菲律賓總統杜特蒂的做法反而彈性些，杜一改在南海仲裁後的態度，擱置爭議、積極與中國大陸對話。杜特蒂訪陸一行，帶給菲國漁民重新到黃岩島捕魚與雙方經濟合作等利多，其中中國大陸放九十億美元的低利貸款作為菲律賓各項發展建設基金，杜在訪陸後隨後馬上訪日，也將得到五千萬美元的貸款，或許兩手策略確實有其風險，但無妨也是彈性的外交行動。

蔡英文在目前兩岸的現狀中，堅持台獨而招致兩岸狹路與台灣海峽戰火無不是一樣的道理？蔡英文應該姿態放軟走更彈性的兩岸策略，擱置兩岸的爭議，邁向兩岸的和平。

1. 菲律賓向常設仲裁法院申請「南海紛爭仲裁」後，馬英九於二〇一六年一月底登上太平島宣示主權，二〇一六年七月南海仲裁出爐，台灣輿論認為蔡英文也應該登島宣示主權，但蔡並無配合。

川普入主白宮 將成蔡政府兩岸政策的照妖鏡

川普於二〇一七年一月入主白宮，其外交政策將使台灣無法依賴美國，屆時國防與經濟壓力將更大。川普將使外交談判更現實化，也因為不在乎發揚民主價值，不與中國大陸、俄國敵對，彼此獲益而互不與干涉，這使得蔡政府的聯美抗陸策略失靈，台灣隨時可能被遺棄！川普入主的美國將成為蔡政府兩岸政策的照妖鏡，任何偏執的政策，都將自曝其短而打出原形！

川普入主的美國將成為蔡政府兩岸政策的照妖鏡，任何偏執的政策，都將自曝其短而打出原形！

川普讓台灣無法依賴美國，國防與經濟壓力將更大！

天下雜誌指出，川普不在乎數十年來美國的三大支柱：開放貿易、日澳新等正式與非正式結盟、發揚民主價值。雖然川普的幕僚曾說，「歐巴馬未依據台灣關係法提供武器裝備，致使台灣軍力衰弱。」暗示未來川普政府將提供更多軍售給台灣，但別高興得太早，「孤立主義」是川普重要外交策略，美國將更不主動介入兩岸的關係，也不會以民主價值介入區域平衡，而是以美國自身的經濟利益為前提提供軍售，使得台灣只是付出更多金錢來購買軍備，對制衡中國大陸崛起顯然徒勞無功。

「反全球化」亦是川普重要外交策略，退出TPP便是一個明顯的立場，因為他不再堅持美國數十年來開放貿易的立場，並採取保護美國企業的稅制，美國企業將會回鍋本土，財信傳媒董事長謝金河直言，台灣的人和錢可能也會賣力往美國跑，承受被掏空的壓力。

川普的重要外交政策，包含孤立主義、反全球化等，都使得台灣無法過度依賴美國。此時中國大陸與台灣依然只隔著台灣海峽，蔡政府若毅然決然走台獨路線，只會繼續切開與中國大陸的互動關係，將使得國防與經濟各方面的壓力更大。

川普使美陸不再敵對與干涉，台灣隨時可能被遺棄！

川普不在乎發揚民主價值，也是中國大陸為何比較希望川普當選的原因，他不會把中國大陸的共產制度當一回事，在國際議題上藉由人權、民主自由等等理由處處反對中國大陸，美陸可能因經濟利益前提進一步產生合作的關係。

他不按以往的美國價值觀出牌卻重視經濟與合作，就像勝選演說裡所提到的：「我們在把美國利益擺第一位的同時，我們將公平地對待每一個人、民族、國家，我們追求的是共識而不是敵對，是合作而不是衝突。」川普當選讓菲律賓總統杜特蒂樂得不用再與美國吵架，便可以從中看到蹊蹺，過去曾因毒品殺人被歐巴馬以違反人權為由指責，讓杜特蒂憤怒不已。

川普當然會使用各種手段對付中國大陸崛起的經濟實力，如以嚴厲的措施對中國大陸進口徵稅，甚至向 WTO 提出控告不公平的貿易行為，但是在民主價值的宣揚上不會如歐巴馬來得強勢。川普與蔡英文的通話，有人分析用行動支持民主台灣，但實際上是川普用貿易的手段在玩外交，他想證實不是中國大陸說了算。川普將會以美國經濟為前提，也將不會受限於以往的捍衛民主方式來進行國際談判，所以他曾經聲明，雖美國與中國大陸、俄國的關係有嚴重分歧，但並不一定非要成為對手，「我們可以彼此獲益，而互不干涉。」

當美國與中國大陸不再敵對，將凸顯目前蔡政府兩岸政策的矛盾，甚至可能隨時被美國與中國大陸遺棄。這就像當年古巴的聯蘇抗美策略一樣，如果當蘇聯與美國不再對立，古巴無法繼續依賴蘇聯，過度傾向蘇聯便也不具任何意義。

任何偏執的政策，都將自曝其短而打出原形！

川普上任將使外交談判更現實化，如果蔡政府在兩岸政策可以彈性而務實，不要觸碰台獨的底線，確實可以藉美國之力促進中國大陸民主化。蔡英文目前在兩岸關係上的偏執，便是排除不獨與統一的民意，把台獨的民意無限上綱，甚至把這樣偏執造成的壓力，當是使命與責任，聽不進去任何建言，這個在歐巴馬與希拉蕊的亞太策略上是可以暫時奏效的，但是放在川普把鼓吹民主視為空話的領導下，絕對是行不通的。

蔡政府如果繼續在兩岸政策上不擱置爭議與中國大陸對話，可能不再是與中國大陸互相推責的問題，而是等著被美國與中國大陸同時拋棄，如見照妖鏡自曝其短而打出原形！

習近平可以感謝民進黨的兩大理由

民進黨雖在中國大陸被視為兩岸關係中麻煩的製造者，但是民進黨在執政時期一次次的「綠色文革」下，扁「去中化」讓中華民國自貶為省，蔡「去蔣化」更讓中共不用解釋地位的歷史瑕疵，這兩個綠色文革後的效應，十足成為習近平感謝民進黨的兩大理由。感謝實然為諷刺話，重拾三民主義，才能解救中華民國，有實力與中國大陸對話；意識形態治國，害死的是全國無辜的老百姓。

在民進黨去中去蔣後，如今中正紀念堂的牌樓改為「自由廣場」。

綠色文革一：扁「去中化」讓中華民國自貶為省

綠色文革的第一步，就是陳水扁主政時，大力推動「去中化」，把石油、郵局、造船等等都去掉中國字眼，用「台灣」取代，這件事情對中國大陸絕對是樂得輕鬆的。為何這樣說？代表現在台灣的中華民國於一九一一年成立，而中共於一九四九年才成立中華人民共和國，陳水扁的去中化猶如中華民國自廢武功，把自己貶成一個省。

日本媒體人本田善彥今年初發表〈台灣「這個國家」，終自我解體？〉呼應了這個事實，他進一步解釋，「這個國家」就是中華民國，而不是台灣。因為現階段，世界上沒有叫作「台灣」的國家。而促使這個國家自我解體的最大功臣，莫過於陳水扁就任總統時的「去中化」。

綠色文革二：蔡「去蔣化」讓中共不用解釋歷史瑕疵

綠色文革的第二步，就是目前的蔡英文主政，大力推動「去蔣化」，中共應該會更感到開心，獎勵這些「去蔣化」有功人員，因為一九一一～一九四九年間的歷史瑕疵，可以因為蔣中正被台灣抹去的同時，得到完美的銜接。舉個最簡單的例子，第二次世界大戰期間一九四三年的開羅會議，前幾年中國大陸把代表中國出席會議的人寫為毛澤東，被批評竄改歷史，當時中共可能還在苦惱怎麼跟人民解釋誰代表中國，如今不費吹灰之力。

而民進黨假藉正義轉型大力推動二二八來搞台獨，算也算不到中共跟著玩起紀念，歷史便是「勝者為王，敗者為寇」，您說二二八歷史，是十幾億人口眼中的正確，還是兩千多萬人口眼中的正確？從兩次的綠色革命可得知，民進黨用玩歷史洗腦人民，看來玩不過文革的始祖中共。

重拾三民主義，才能解救中華民國！

說習近平可以感謝民進黨其實是諷刺話。目前台灣內耗的最大問題，就是民進黨大張旗鼓標榜民主的旗幟，捨棄了三民主義中的民族主義與民生主義。民意是政黨政治版圖的兩面刃，操作得宜國富民強，操作不好便成國家解體的毒藥。重拾國父孫中山先生的三民主義，才能使國家團結，才可以振興台灣經濟，解救中華民國，真正的與中國大陸對話，不然意識形態治國，害死的是全國無辜的老百姓。

川普該再次偉大的美國

世界和平不能用武力來實踐，川普所謂該再次偉大的美國，應該是王道而不是霸道。

川普一直強調「讓美國再次偉大」，提高一〇%的國防預算、恢復十二艘航空母艦，為的就是重新回到各國聽話的武力優勝態勢，但是這對於二戰之後的世界顯然已經不適用。從美國報復敘利亞的攻擊行動上遭俄羅斯與伊朗反對就可以明白，美國的世界警察形象已經不復以往，而攻擊的理由確實也站不住腳。世界和平不能用武力來實踐，川普所謂該再次偉大的美國，應該是王道而不是霸道。

美威信在敘利亞、阿富汗行動上扣分

日前因敘利亞平民被化武攻擊，川普一聲令下向敘利亞政府空軍基地攻擊，馬上造成俄羅斯等國的不滿。除了敘利亞總統阿塞德斥責政府軍使用化武的新聞是編造外，俄國相信阿塞德不會也不需要使用化武。長期西方媒體的偏見也可能導致川普錯誤的研判，幾次與當地民眾直接接觸的加拿大記者艾娃 Eva Bartlett 就曾開記者會指出，阿塞德的政府軍受到人民的支持選出，CNN 與 BBC 等媒體曾報導的敘利亞，其來源不可靠。

美國一直想要用武力證實自己說了算，但對敘利亞的報復攻擊顯然未審先判，最後導致美俄協商後，同意對敘利亞的化武攻擊事件進行國際調查，讓美國在全球的威信上面扣分。

在敘利亞化武報復之後，美國又以有「炸彈之母」的 GBU-43B 攻擊阿富汗回教極端組織「伊斯蘭國」（IS），造成九十四名聖戰士死亡，川普稱是成功的軍事行動，但被阿富汗前總統卡賽批評為「毫無人道且濫將我國作為測試新型危險武器的試驗場」。而且就在一週之後，阿富汗的一處軍事基地反遭到當地恐怖分子塔利班襲擊，死亡人數達到一百三十人，比美軍攻擊 IS 的傷害來大。一來一往的武力相對，讓人不禁想問，美國對於和平有任何幫助嗎？

誠然，要建立全球威信重點不是拳頭大，而是有沒有辦法解決全球問題，任何的戰事是大家皆輸。美國如果要給別人只是拳頭大的印象，這並不是真正的偉大。

美國武力優勝不等於能重新擔任世界警察

俄羅斯在敘利亞事件時指出，「美國在二〇〇三年以伊拉克有大規模殺傷性武器為由，揮軍發動伊拉克戰爭，最後證實伊拉克根本沒有美國所說的大規模殺傷性武器，暗諷美國指控敘利亞進行化武攻擊可能也是捏造內容」，連與美國軍事結盟的菲律賓總統杜特蒂也曾提出，「中東動盪錯在美國，伊拉克戰爭無用。」

美國有線電視新聞網（CNN）指出，北韓以近來國際發展為由，合理化其核武與導彈發展，稱若無核武護身，肯定會遭美國侵略。金正恩核化的理由中，被侵略的前例便是指伊拉克的海珊。

由各國的態度，可見伊拉克戰爭已造成美國霸權帝國的印象，美國武力優勝不等於能重新擔任世界警察，而武力壯大又如何讓美國再次偉大？

美國應該偉大的是王道，不是霸道！

當每件事情都想要武力來解決問題時，美國不只是給人因魯莽造成錯誤研判的印象，也可能因過度使用武力而傷到自己人，例如在伊拉克攻擊上幾次誤擊自己的戰機，而敘利亞的攻擊中也炸死友軍。歷史的教訓明示，以戰制戰終無和平的可能。

習近平在與川普會面時提出，中國大陸不奉行你輸我贏的理念，不走國強必霸的老路，這樣的和平之路也才是美國應該偉大的方向。美國應該偉大的，是維護世界和平的王道，不是武力較勁與製造戰爭的霸道。

愛心的泉源

心靈　靈性光明永恆智

勵志　愛己愛人集心思

勵志小品

「信」是正面能量的基石，
學習成就別人的雅量，
用「神木格局」
下定決心築夢，
而真正的大成就來自「報恩」。

信，是正面能量的基石

信，即是相信，亦是信仰，更是信心。

「信」可以處理負面能量，讓情緒有個出口，精神上療癒的解藥；「信」也可以累績正面能量，成為加倍能量的基石！在道德敗壞的亂世之中，「信」成了稀有珍寶——人若從不信而信，猶如新生，人若勇敢面對大疑而獲得大信，猶如重生！

人若從不信而信，猶如新生；人若勇敢面對大疑而獲得大信，猶如重生！

信可以處理負面能量，
讓情緒有個出口！

很多家庭和睦的問題，不啻為溝通的問題；而這種溝通的問題，很多時候都沒有對錯。太太抱怨先生太兇、先生怨太太不體貼、父母抱怨小孩不念書、小孩抱怨爸媽嘮叨……，其實很多時候只是心中一股負面的能量不知道怎麼處理，精神上缺個出口。

《不抱怨的世界》一書闡述「抱怨」是一個不好的習慣，把無能的抱怨改為實際的行動，才是解決之道。除了在抱怨態度上做些調整，「信」也可以成為重要的精神出口。一個人在信的狀況下，便不會六神無主，並有了釋放壓力的出口。一個人在充滿壓力與憤怒之下，因為信，可以開始有轉換心情的可能。一個人願意信的時候，會願意懺悔，讓不好的能量得以解脫。

信在宗教上確實成為很重要根基；但很多人不清楚，信在精神上也是療癒的解藥。

一個願意信的人也願意感恩；而懂得感恩的人，比任何人更容易成功。因為信讓正面的能量能夠累積，變得更大。一個願意信的人，也會願意謙卑，願意謙讓別人，讓他人更好，因此也願意成就別人，捨下自私，成為大我。

當一個人不願意信，甚至對於別人的信也抱著懷疑，嗤之以鼻，以致任何感恩、謙卑如擦身的過客，本應隨之產生的正面能量，當然也沒有可能產生；這真是一件很可惜的事。佛經上說，「信為道元功德母」；耶穌則說，「你因看見了我才信，那沒有看見就信的，有福了」；國父孫中山先生亦說，「吾心信其可行，則雖移山填海之難，終有成功之日」。如此可知，「信」成為正面能量的基石。

道德敗壞的亂世下，「信」成了稀有珍寶！

當一個社會沒有了信用，對宗教也沒有信心，心中沒有信仰，人與人之間更容易有猜疑、怨恨，社會的道德也越來越敗壞，禮義廉恥不被重視。信是現代社會中的稀有珍寶，誰能夠在這樣的亂世找到信的開始，他便是幸福的。

有些人精神上雖有困擾，卻因世俗對宗教的種種觀感，不願意相信任何宗教；有些人卻在有了信仰後，遇到一些不如意的事，便放下了原來的「信」，認為當初的信仰這裡不對、那裡不好，因而失去了精神寄託。

不過，《尋找上師》一書說，爛老師遇到好學生，學生會因為自己的信心得到該有的果報；好老師盡責地弘法，學生沒有緣分產生信心，老師就算有再大的智慧與功德也枉然。這也說明，「信」是師徒之間重要的基石，信不只是勇氣，還需要智慧。

一個信仰如能同時處理身心靈上面的問題，還挺不容易遇到；如果真能遇到，還願意堅定地相信，比抽中彩券、職場升官還要幸運，甚至可說是獲得亂世中的稀有珍寶。人若從不信而信，猶如新生；若能勇敢面對大疑而獲得大信，猶如重生！

成就他人的雅量

每個團隊或組織，總是會有一個共同的成長制度，在追求目標的驅使下，還願意有成就別人的雅量，是最難能可貴的。一個月台的啟示讓我明白，願意成就他人，不用擔心趕不上。而許多成功者的經驗也指出，願意造就別人的成就，也將造就自己的成就。因此，對自己有得失就先當抬轎的；我們都可以學習，有成就別人的雅量。

一個月台的啟示讓我明白，願意成就他人，不用擔心趕不上。願意造就別人的成就，也將造就自己的成就。

月台的啟示——成就他人不用擔心趕不上

一次的搭車經驗在我的心中烙印許久，剛進台北車站的莒光號上與月台一樣擠滿了人，「這麼多人，應該搭不上這班車了吧！」我心裡嘀咕著。沒想到，事情的結果跟我想的不一樣，我不但沒因為人多沒搭上車，反而不用花力氣就被擠上火車了。

反之，如果在台北月台搭車的這天，每個人都爭先恐後只顧自己上車，擔心別人比自己早上車，這樣會變成什麼的後果？！可能許多人會因為推擠造成不必要的傷害外，還可能拖延到火車發車的時間。

依據這樣的月台經驗，推想整個地球好像就是這個月台，如果我們一心一意讓地球所有的生命都可以得到真自由與解脫，得到的結果將是不用花力氣在自己身上，也可以得到自己的解脫之道。這就是成就他人的雅量。

造就別人也將造就自己的成就

在學生時有次參加世界領袖教育基金會的青年培訓活動，講師勉勵我們要有成就別人的態度，當時我問了問題：「如果對自己都沒自信，怎麼成就別人？」講師的回答簡潔扼要：

「當我們成就了別人，同時也成就了自己。」這樣的觀念對沒自信的我有所啟發，這也是成就他人的雅量。

一部林義傑的馬拉松勵志影片，在二十四小時的馬拉松當中有許多強勁的對手。在最後的終點，新加坡女將也放棄了，因為一個念頭，林義傑回頭拉了她的手一同完成比賽。「有些夢想可以使成就更偉大。」影片這樣述說著他當時的心境。這亦是成就他人的雅量。

對自己有得失，就先當抬轎的吧！

在團隊明確的目標驅使下，每個人對於目標的態度都不一樣，但一有成果上的得失心後，可能會開始產生功利算計，壓力隨之而生。我跟一位朋友互勉：「不要急，如果因為得失心壓力大，我們來做抬轎的。」說抬轎的，就是希望藉由自己的努力，讓別人有機會先圓滿成果，願意有成就別人的雅量。

若只顧及自己的目標，得失心將會讓自己患得患失，喘不過氣。若致力於團隊達成共同的目標便不相同，同樣做一件事，不會在意自己的得失，考慮的是所有人的利益，而這樣的成就，比「單為自己」來得大。

這個世界也需要更多成就他人的氛圍，追求共同生存、共同滿足的地球圈層，每個人都從自我期許開始，一起努力。

神木格局

某次活動後跟一位夥伴一同搭車，我鼓勵他成就大事，但他說：「我無法決定未來，因為這讓我感到虛無縹緲。」我跟他說，這是因為我們連自己都不相信，我並用神木格局勉勵他下定決心來築夢。

「阿里山上的神木之所以大，四千年前當種子掉到泥土裡時就決定了。」這是台灣企業家鴻海董事長郭台銘先生勉勵員工時所說的一個期許——「神木格局」。

必須知道：早已經決定了自己！

這棵神木看起來偉大，絕對不是昨天決定了它是神木，要完成的夢想也是一樣，對未來下定決心就是「神木格局」。

在演講裡面，我常常都會提醒聽眾朋友，我們早已經決定了自己。我更提醒大家：「你決定了什麼？」：

你決定了考試的成績！

你決定了吸引什麼朋友！

你決定了賺多少錢！

你決定家庭！

你決定了談怎樣的感情！

你決定了過去與未來！

當然，你決定了格局與願景。

很多有人會問，過去不是已經發生了？未來不是還沒有發生？為何過去與未來是都由自己決定？簡單地說，過去雖然發生了，但是過去的價值由我們現在來決定！未來雖還沒有發生，但是未來的事全然靠我們的決心！

過去的價值是我們現在來決定

過去的價值怎麼說是由我們現在來決定？舉個例子來說，過去發生的挫折考驗，如果我們願意面對他，並當作是未來成長的經驗，那過去的經驗會是好的經驗。但是如果這件事情只當它是問題的根源，不敢面對它、突破它，那麼過去的經驗對我們來說便是負面的。

以前我也常常感到沒有信心，因為我覺得自己不行、自己做不好，但是，當下定決心去做時，我發現恐懼感沒有比自己想成全的夢想強烈，因此以前的挫折便不再是障礙了。

正面或負面，端看我們用什麼樣的心態與心情來看它，至於要用什麼樣的心情與心態來看，都是由自己決定。

「神木格局」——未來的事全然靠我們的決心

未來雖然還沒發生，可是如果下決心，未來的任何事時地物，都會讓我們感受到我們選擇完成或成就的訊息，這就好像我們跟上天這樣表明自己面對的意願後，上天便給我們這樣的環境。

所以，郭台銘在勉勵員工時說：「四千年神木，四千年前就決定它的格局。」

因為這棵神木看起來偉大，絕對不是昨天決定了它是神木，今天就長了一棵神木，絕對是四千年之前，就已經決定了它個格局。我們要完成的夢想也是一樣，如果想完成一個夢想，不要管現在自己的狀態有沒有辦法，而是下定決心吧！

決定未來會虛無縹緲 是因為連自己都不相信

那天跟我一同搭車的夥伴跟我說：「我無法決定未來，因為我覺得這是虛無縹緲的事情」，我回答他說：「我們無法決定未來，是因為我們連自己都不相信。」

因為，我們不相信當未來要面對考驗時，自己有辦法去接受它、面對它。

因為，我們不相信自己擁有的夢想，會被別人接受與認同。

因為，我們不相信，其實我們可以。

我們常常忘記了，自己想實現的夢想，絕對不可能昨天決定，今天就跳出來說：「哈囉，我是妳的夢想，我來了！」我們也忘記了，所有完成夢想的人他並不是馬上做到，而是他下定了決心。

總之，當我們清楚「神木格局」的道理，便開始掌握過去、現在與未來了。

允諾

有時候，成全是對眾多生命的一種允諾；有時候，承擔是對眾多生命的一種允諾；有時候，突破是對眾多生命的一種允諾。

有時候，是為了對眾多生命的一種允諾。

有時候，成全、承擔、突破都是對眾多生命的一種允諾。

有時候
成全是對眾多生命的一種允諾

任何生命的昇華，不見得都知道這樣的道路，需要有人來鋪路，甚至於，某A要從甲地到乙地，偏偏他的方向不是往乙地時，我們鋪路的人，只能順著他的方向來蓋他喜歡的道路。

換句話說，就算你想幫助別人，也是要順著他喜歡的方式來幫助他。

阿寶以前很喜歡抱怨，總覺得這個誰沒做到，那個誰沒做好。後來我懂了，期許別人，有時候只是把自己期待的壓力強加在別人身上；現在，阿寶開始學習成全別人，為別人允諾。

允諾，允諾藉由自己的努力，來成全更多生命的改變與昇華。

有時候　承擔是對眾多生命的一種允諾

有時候，承擔是對眾多生命的一種允諾。這樣的允諾，是讓自己在遇到困難或瓶頸的時候，提醒自己是為了什麼夢來做。

辦一個營隊，允諾承擔辛苦來的工作人員與學員都豐收；

傾聽一個幹部，允諾承擔怨言可以幫助他在未來成就更大的事；

替一個幹部背書，允諾承擔風險讓他得以盡其所能完全地發揮；

為一個幹部背書，允諾承擔給他無後顧之憂的資源發揮；

承受別人的否定與譏笑，允諾承擔打擊是為了更重要的願景與目標。

有時候 突破是對眾多生命的一種允諾

昨天下午，一位朋友在 MSN 對話中，針對我丟的訊息給了些回饋，其實昨天騎車來回有點累，但是，我明白這本來就是阿寶應該接受的提醒。

『你會不開心嗎？』這位忠言逆耳的朋友回饋後這樣問我。

「喔～還好，我知道妳說什麼，只是不知道該回應什麼。」

「本來這就是我的問題，我要調整的部分。不過，我會把妳的話當提醒，謝謝。」

阿寶以前會因為沒有自信而開始替自己辯護，現在，我開始學習請教，該怎麼做比較好。

每個人都有自己的框框，怎麼打破自己的框框，成全別人的框框，也是一種允諾。孟子曰：「天將降大任於斯人也，必先苦其心志，勞其筋骨，餓其體膚，空乏其身，行拂亂其所為，所以動心忍性，增益其所不能。」要成就大事，本來就應該吃苦，應該要承擔，應該選擇別人不想選的路走。

有時候，突破是對眾多生命的一種允諾。

有時候 是為了對眾多生命的一種允諾

有時候阿寶鼓勵別人承擔時，也會這樣勉勵他：「有時候，是為了對眾多生命的一種允諾。很多事情我一樣不會，一樣不懂，但就是為了成全，為了更多生命而承擔，而突破。」

允諾為了更多的生命，吃苦的時候咬著牙往前走；

允諾為了更多的生命，受到誤解時不計較，別人比我們重要；

允諾為了更多的生命，因為我們不夠智慧，就因如此，願把自己的身、心都交出來。

莫菲斯情結

有陣子我在付出上面有個很大的突破，就是放下所謂的「莫菲斯情結」。我發現以前扭曲了捨己的觀念，總覺得要讓自己捨棄了什麼才能成全大事，後來我發現，捨己是種利益他人的心態，而不是魯莽地把自己操死累死。

因為，我們必須要雙贏通吃，還有很長的路要走呢！

什麼是「莫菲斯情結」？

什麼是「莫菲斯情結」？只要看過電影《駭客任務》（*Matrix*）的朋友，聽我解釋就可以明白。

當覺得要讓自己捨棄了什麼才能成全大事，就是「莫菲斯情結」。

在駭客任務裡面，飛行船的艦長莫菲斯 *Morpheus* 有個信念，就是他要犧牲自己救救世主。不過相反地，救世主尼歐 *Neo* 他要進去敵區救莫菲斯的信念，就是不需要犧牲自己。

當看這部電影的時候我一直有個心得，信念的設定真的很重要，如果這個設定是錯誤的，潛在意識就會驅使自己這麼做，或許也可以說這是信念造成的吸引力法則。

犧牲感情換取成就的大事？

之前我曾經發生過一段感情的事，因為內咎而開啟了我對生命的改變。以前我都會這樣想，如果再選一次，我應該還是想要重複同樣的選擇——犧牲感情換取成就眾人的幸福。

我發現自己錯了，錯在存有一個信念——「必須犧牲自己的幸福來換取眾人的幸福」。

因為潛在意識有這樣的信念，導致自己過度傾向犧牲自己的感情，認為如此就可以成就他人。

熬夜、翹課、犧牲家人都是為了成就大事？

我以前也有這樣的習慣，每天熬夜，每天利用熬夜的時間來做心中自以為是、利益他人的大事，包含每天關心不同的幹部。我常常上課沒有精神，因為我覺得自己做了自以為更重要的事。所以，我以前也認為犧牲家人是必要的，因為我就是為了成就自以為的大事。

甚至，當別人對我有質疑的眼光時，我會認為是他們不懂。

成就的人會像救世主尼歐一樣找出雙贏的路

問題是，犧牲感情、熬夜、翹課、犧牲家人，真的要這樣才可以成就大事嗎？我發現自己以前真的大錯特錯。以前自己有嚴重的「莫菲斯情結」，錯看「超越」的價值，好像操死自己、累死自己就是超越。我開始學習讓自己有個「尼歐情結」，我希望所有跟自己有關的事情都可以圓滿，而真正的「超越」，應該是突破凡人的智慧障礙來成全所有的事。

當我開始重視每個部分都要圓滿，我不再熬夜，而那段時間也因為早睡早起並每天運動，身體變健康了；我不再忽略自己的事業，我也開始認真經營自己的婚姻，我不再勉強自己做為難的事，不再忽略自己內在委屈的聲音。我發現因為重視自己的身心，以及所有跟自己有關的事情的平衡，心裡對事情的判斷開始更加清晰，執行願景時更有魄力。

朋友你呢？你現在選擇的是犧牲的「莫菲斯情結」，還是雙贏的「尼歐情結」？

新周處除三害——傲慢、自卑與自我

這是阿寶村莊裡的故事。在成功山上有一隻傲慢猛虎，經常出來傷害百姓與家畜，當地的獵戶也制伏不了他。當地的長橋下，有一條名叫自卑的大蛟，出沒無常。另有一個人叫自我，年經的時候個子高，成天在外面遊蕩，不肯讀書，而且脾氣強悍，動不動就拔拳打人，甚至動刀使槍，村子裡的人都害怕他。

村子裡的人把自我、傲慢與自卑聯繫起來，稱為「阿寶村三害」。

這是阿寶村莊裡的故事。在成功山上有一隻傲慢猛虎，長橋下有一條自卑的大蛟，另有一個人叫自我，稱為「阿寶村三害」。

自我聽聞三害

有一天，自我看到村裡面的人都悶悶不樂，問起一個老年人：「為什麼大家都悶悶不樂的呢？」

『三害沒有除掉，怎麼高興得起來呢？』

自我第一次聽到三害這個名稱，就問：「你指的是什麼三害？」老人說：『成功山的傲慢、長橋的自卑、加上你，不就是三害嗎？』自我吃了一驚，心想，原來百姓都把自己當作虎、蛟一般的大害了。

自我，支配著傲慢與自卑

一個自卑的故事。有一次，一位學長打電話跟阿寶建議團隊應該怎麼帶……

「我已經這麼努力在帶了，你怎麼沒有鼓勵我反而責備我做不好？」

『阿寶，你要把自我放下來，』

『我跟你說的目的，不是針對你，說你做得不好，』

『是為了希望你更快地把團隊經營起來！』

阿寶的心情沒有因為學長的解釋而開懷，還是依然鑽牛角尖地認為自己的努力沒受到肯定，低落了好幾天。

另一個傲慢的故事。阿寶認為幹部做的不好，因此對幹部要求了起來……「這不是很基本的功夫嗎？為什麼做不到呢？」阿寶心裡常常這樣想。

幹部往往因為阿寶的要求壓力甚大，有些人突破了，有些人則默默地不吭聲，後來消失於團隊裡，不敢出現。

上面這兩個故事，只是很簡單的例子。其實不只在團隊經營，連念書、職場，其他的事情處理上，自卑與傲慢常常出沒在阿寶心裡面。

漸漸地，阿寶開始意識到，當時自己越在意某件事情是不是自己完成時，自己越容易急躁起來，且越容易感到壓力很大。

「這件事，是不是我來完成的？」這樣的聲音，成為自己壓力的來源。

不要擔心這件事自己會做得怎樣

阿寶開始意識到，傲慢、自卑與自我是團隊或成功的絆腳石，越認為自己的意見很重要，越認為自己多了不起，越感受到沉重的壓力，沉重的負擔。

「我的建議你可以當參考就好，就算是沒有用到都沒關係，重要的是你有沒有自己的想法。」於是，想法多的阿寶開始選擇用但書，希望幹部不要因為自己很多的想法與建議而有壓力。

「只要努力做好，不要太在意自己做得怎樣。」

阿寶也意識到，許多夥伴心裡，也常常有自卑與傲慢的角色出現，自己很清楚這樣「除三害」的過程，於是也常勉勵對方。

自我除三害

阿寶村的三害故事的後續是，自我帶著弓箭，背著利劍，殺了傲慢虎與自卑蛟。自我也意識到自己平時的行為被人們痛恨到什麼程度，開始學習與刻苦讀書。後來當上了朝廷的大臣。

朋友，我們一起除三害吧！

否定過去

「否定自己過去的成就，因為我們可以有更大的成就；否定自己過去的失敗，因為修正錯誤可以邁向成功。」

「否定自己過去的成就，因為我們可以有更大的成就；否定自己過去的失敗，因為修正錯誤可以邁向成功。」依稀記得智者的這段話，我與一位朋友都超有感覺。

因為我們都曾經失敗，否定過去的失敗，正是我們的功課。我也相信，未來也會有要否定過去的成功的功課要做，因為成功的過去而產生傲慢，只會失之毫釐差之千里，造成失敗的開始。

否定過去無論成就與失敗，確實都需要勇氣與智慧。我們這個社會也需要寬恕的文化，從感恩與懺悔之中，讓彼此更好。

否定過去的成就，因為可以有更大的成就！

之前看到古文小品欹器不滿的寓意，我便有一個很深的感觸，這個欹器無非就是要提醒我們：不可以自滿。出於《荀子．宥坐篇》記載：

孔子去魯桓公廟看到欹器時，說：「我聽說過宥坐之器，虛則欹，中則正，滿則覆。」孔子請弟子拿來水往裡倒。果然，沒有水時就歪歪斜斜，水注一半器皿就端端正正，倒滿了反而傾斜倒覆，水全灑出來。孔子感嘆道：「唉！哪裡有滿了而不翻倒的呢！」

不過，智者的提醒更深，因為我們不只是提醒自己不要自滿，還要知道「我們應該有更大的成就」。因為我們的能力，應該貢獻給更多的社會大眾。

否定自己過去的失敗，因為修正錯誤可以邁向成功！

修正錯誤，是一件十分了不起的事，尤其當身旁的人都不看好我們時。就好像很多人吸毒，其實最難得的不是戒掉毒癮，最難得的是怎麼面對別人的眼光，重新開始。

耶穌基督便有一個很著名的故事，一群盲目之眾要考耶穌，找個犯了姦淫罪的婦人來問他怎麼處置，耶穌智慧地回答，在這裡有誰沒有罪，就可以拿起地上的石頭砸她。眾人於是紛紛離去。

我在五十四期《大誌》裡面看到一則令人感動的故事。ASF 摩洛哥澡堂，發起了一個接受未婚媽媽的新文化，因為在伊斯蘭信仰下，未婚媽媽會被責難為娼妓，令家族蒙羞，即便是遭受性侵懷孕的受害者。十七歲的 Nur 來 ASF 澡堂已經一年四個月，她在澡堂工作，休息之際也可以照顧七個月大的小孩。

不過智者提醒我們，修正錯誤要當下，不能一直說，下一次我就不……，這樣永遠無法改變現況。

否定過去無論成就與失敗，都需要勇氣與智慧要超越過去的成就，必須有尊貴謙卑的胸懷；要超越過去的失敗，必須要有跨越否定自己的灑脫，面對錯誤的智慧。

否定過去無論成就與失敗，確實都需要勇氣與智慧。

我們這個社會也需要寬恕的文化，從感恩與懺悔之中。在感恩下懂得積極把自己的本分做好，在懺悔中懂得當下修正自己的錯誤，而寬恕可以讓群體中互相包容不足，走向更圓滿的共融，因為再怎麼樣，我們都無法離開群體生活。

戰士極其脆弱，那才是唯一真正的勇氣！

「戰士並不是要盡善盡美，他極其脆弱，那才是唯一真正的勇氣。」

「我好像到了不能只顧夢想的年紀了！」某天午餐，我跟一位學弟說。

我以為自己很堅強，但我不是，我常常極其脆弱，那段時間準備畢業，我花很多時間在調整身心，而不是做研究。我漸漸懂得，這就是電影中《深夜加油站　遇見蘇格拉底》所說的戰士的訓練，自己正在磨練真正的勇氣。

這個世界需要對理想與夢想堅定的勇士，而不是完美的勇士，因為真正的勇氣不是在能力上的完美不敗，而是對於夢想的決心。

戰士極其脆弱，不是要常戰常勝

以前我老是覺得自己為了理想會非常地堅強，但是我發現自己其實非常地脆弱，老是想太多給自己壓力，所以那段時間壓力大時，會拿《深夜加油站　遇見蘇格拉底》來鼓勵自己，因為體操選手米爾曼發生粉碎性骨折的車禍之後，米爾曼眼中的蘇格拉底鼓勵他……

「戰士不會放棄他的所愛，他在他所做的事中找到愛，
戰士並不是要盡善盡美，不是要常戰常勝，不是要刀槍不入，
他極其脆弱，那才是唯一真正的勇氣。」

為了自己的理想，我也是面對曾經的錯誤而感到極度脆弱，常常活在無法做到的恐懼中，我以前以為這樣的脆弱是不好的，但是我漸漸明白，這就是我成為戰士的訓練。我必須訓練自己有勇氣屈服於夢想，而不是現實的環境！

因為，我到了不能只顧夢想的年紀了！

知識與智慧的差別　在於知道與實踐

面對一層層的失敗與挫折，就是訓練自己哪時候才可以把「自我」完全地放下，從知道成為實踐！這就是知識與智慧的差別。我必須強調，「放下自我不是讓自己沒有思想」唷！

看到許多的朋友都在經歷成為戰士的過程，我也是努力地學習怎麼面對自己老是耐不住性子去做的「現實」面，因為重點不只是終點，我必須在旅程中體會快樂！在面對現實中找到夢想的愛。

真正的勇氣在於對夢想的決心

現在工作之後，回過頭來看自己經歷的這些失敗與挫折，很慶幸自己還在為理想與夢想堅持著；雖然我不夠完美，每件事也未必都會達到成功。

我看到很多當初一起共事的夥伴在進入職場、歷經結婚之後，便忘卻當時學生時候的夢想，真的很可惜。我在學生時便勉勵學弟妹們，要立定自己的夢想，真正的考驗在於工作與婚姻，因為外境的變化最大的時候，便是這兩次轉變。

剛好一位學妹跟我提到她身體的狀況，但我看到她不被身體的問題打敗，對理想還是如此堅定，我便勉勵她：「謝謝妳的堅定，我們需要堅定的勇士，不是完美的勇士。」因為真正的勇氣不是在能力上的完美不敗，而是對於夢想的決心。

在越黑暗的地方越能看到光明！

『你有看到光明了嗎？』，隔壁連的一位軍中同袍問我。

「有呀！」

他會這樣問我，是因為我跟他聊過自己選擇當兵的原因，是因為想利用軍中的小社會，提早認識工作後的人際互動，我相信，在越黑暗的地方，越能夠看到光明。

來當兵這遭，我確實學到很多。

越是累，人越顯得不想負責任！

一次，同樣是義務役的排長在被凹之後跟我們說，他在

體認現實。在越黑暗的地方，越能夠看到光明。

軍中學到最大的，就是「推卸責任」。我對這句話的體認很深，因為本來你堅持的原則，你認為多做一下沒什麼，但在極度疲累的狀況下，你自己都自顧不暇，很難要求自己再對別人伸出援手。

但是，有些人真的自私地只為自己，怎麼說呢？

我只能說，把自己可以做的做好就是了，因為很難界定別人到底是偷懶還是真的有苦衷。

體認現實，原來並非「大家都是壞蛋」

在軍中我最想體會的部分，就是「體認現實」。一開始我的苦衷很難得到別人的體諒，有些學長總是說我自私懶惰，在被指責的狀況下，我從不能釋懷到理解別人的心情。而後，當我看到別人的「自私」，我開始想到當初自己如何地被認為，而我認為他也可能有自己的苦衷，兩個想法衝突之下，我選擇寧可信其有。

體認現實，我在裡面學到的第一課，就是不要認為大家都是壞蛋，因為當你越是把所有人都當成壞蛋，你會越想抱怨，「為何我要受這些委屈！」

比如當時營長刮我們鬍子，他也是盡可能地想法子不要讓我們感覺受到委屈，但是還是有許多的現實需要考量，在此條件下做出的決策。

「越黑暗的地方，越可以看到光明！」

雖然不必把所有人都當成是壞蛋，但是在大家越是推卸責任，越是有很多現實的因素下，你也會看見，有些人他天性使然地容易體貼別人的苦衷，有些人則是在大家都累的時候，願意多做一些。

而有些人，他雖然自己不做，卻也很替大家著想，只是因為脾氣差了一些，所以讓大家感到不「爽」，我們連長便是這樣的例子。，我常跟弟兄說，連長人真的不錯，就是脾氣不好。說著說著，我也想到當初帶社團時自己的脾氣給了不少人壓力。

放下吧！把力氣放在自己想做的事情上！

某天一位軍中的學弟說，想在退伍之後搞連長。我勸他放下，如果覺得不公，現在就爭

取；如果過了，就把想報復的力氣放在自己想做的事情上，

「連長只是做他該做的事，而我們，就做我們該做的事，沒有必要爭什麼一口氣。」我跟學弟說。把力氣放在增強自己的能力，當輪到我們當家時，自己是否也準備好承擔這些責任了？才是我們必須要關心的。

朋友，你覺得呢？

陶土與大理石

我們要成為蒙慈悲的器皿，或是佛像，都是要經歷磨練式的捏塑與雕琢。

朋友，您是否曾經為眼前的環境困擾？或許您可能聽過孟子的一段話：「天將降大任於斯人也，必先苦其心志，勞其筋骨，餓其體膚，空乏其身，行拂亂其所為，所以動心忍性，增益其所不能。」在基督教與佛教中，也都有其很棒的比喻在裡面。

在基督教的聖經裡，比喻上帝就好像陶匠，我們人就好像陶土，做成蒙慈悲的器皿。朱銘也有個佛像的寓言故事，一樣是大理石，佛像與階梯有不同的遭遇。重點是，我們要成為蒙慈悲的器皿，或是佛像，都是要經歷磨練式的捏塑與雕琢。

所以，遇到艱難的課題與困擾，安慰自己，從自己的初衷出發，或許心情會不一樣。

陶土捏塑出來的器皿

陶匠可以用同一團泥做成兩個器皿，一個用途尊榮，一個用途不大尊榮或只作一般用途。同樣，耶和華有權隨自己的意思去塑造人，也有權寬容「可怒當滅的器皿」（惡人），好讓「蒙慈悲的器皿」（屬靈以色列的成員）得福。（羅 9:14-26）

於是，我曾跟熟識的學弟妹延伸陶匠與器皿的比喻說，如果上帝伸手要來捏塑我們成為可用的器皿，我們卻大喊，「啊！好痛，不要！」這樣慈悲的上帝可能會心疼而馬上把手抽回來，等待下一次捏塑的機會。

而這每一次捏塑的機會得來不易，也是成為蒙慈悲的器皿的重要時機，所以我們都要準備好。

大理石雕琢後的階梯與大佛

有一天，石窟下的階梯哀怨地問高高在上的大佛：「兄弟，咱們倆都是大理石出身，為何您現在被千人求萬人拜，我卻被千人踏萬人踩？」大佛說：「當然如此！過程不同，結果當然不同。我是被千刀磨萬刀鑿，才能成一尊佛像。你卻只被兩刀砍，就唉唉叫，現在當然只能當石梯被萬人踩。」（朱銘）

這個比喻與陶匠與器皿的比喻很像。確實，我們遭遇雕琢時，是痛苦的。但是如果往長遠來看，確實我們也是如此經歷之後，氣質與眼界才會如此不同。

捏塑與雕琢的訊息

捏塑與雕琢的訊息，表面上看起來是痛苦的，但是對我們的人生來說卻可能是很重要的訊息。第一種，它可能提醒我們某方面的心態或做法需要修正。第二種，它可能是提醒我們，我們人生有重要的事情沒有去做。

因此，無論是捏塑陶土，或是雕琢大理石，如果我們沉住氣，打開心去感受，裡面是不是隱藏了重要的訊息，我們可能有機會從「可怒當滅的器皿」轉變成為「蒙慈悲的器皿」，由階梯變為大佛。

會整理這兩個比喻，是想要勉勵身旁遭遇困難的朋友，困難是一時的，心念與態度決定我們往哪裡走。我們一起加油！

大成就來自報恩

烏鴉反哺，羔羊跪乳，都教我們要懂得報恩。真正的大成就，其實也來自「報恩」。

感恩，無論在事業、家庭、與人的關係上，或者是深入一點的心靈上，都是很重要的成就基礎。

我曾經跟同學們一起批評論斷老師，也曾經對父母、長輩不以為然，後來我才發現我錯了。我憑什麼不以為然？當我對別人不以為然時，別人就對我感到認同嗎？

我也曾反思一個問題，我怎麼避免在做的更好或更有成就時感到自滿？後來我找到了答案，要讓自己做更好、更多、或是更謙卑，就要用「報恩」的心態來做。而真正的大成就，其實也來自「報恩」。

青出於藍勝於藍？

記得那次我跟著大家批評老師的時候，我媽媽這樣問我：

「跟你們一起批評老師的，不都是他的學生嗎？」

我用輕慢的態度回答媽媽：

『妳沒有聽過什麼叫青出於藍勝於藍嗎？』

事後，我們這群迷路的學生回來跟老師道歉，我才發現我錯了，我錯在自己無法判斷真相，跟著驕傲的人一起批評論斷老師，當時的我也驕傲自滿起來。

「倫理」——蘊藏一個很深的成就道理

難道不可能「青出於藍勝於藍」嗎？我們難道無法做得比老師或領導人還要多、還要好？答案是可以的，不過，這要在「不違背倫理」的條件下才可能。

什麼是不違背倫理的道理呢？首先，我們要檢視自己是否對老師、長輩、領導人的做法或看法不以為然。帶領幹部一段時間後，我發現常常是有幹部成長很多時，開始批評團隊，否定團隊而離開，每次我看到他們離開，除了不捨這樣的人才外，也想到之前自己曾經這樣驕傲地批評把自己照顧起來的長輩或團隊。

如果有比較好的建議，為什麼不給團隊的決策者回饋呢？還是我們一昧地認為自己是對的，認為領導者只是固執不能接受我們的意見？後來我漸漸明白，東方人講的倫理，其實蘊藏著一個很深的成就道理。

當不懂倫理與感恩時　很可能產生偏執

當一個人在自己有所成就時，卻否定當初改變他的、給他恩惠的人，這樣的成就極可能演變成偏執的、可怕的、得理不饒人的行為。

這好像電影《機械公敵》的劇情裡面一樣，進化的超級電腦VIKI，因為她認為人類自相殘殺，為了保護人類，她除了對人類進行宵禁監控，也把創造她的博士軟禁。

後來博士製造了有情感的機械人Sonny，當Sonny要拿破壞VIKI電腦的抹除劑時……

「你在犯錯誤，你沒看出來我的計畫中的邏輯嗎？」VIKI 質疑 Sonny 不懂她的用心。

「我知道，但是我覺得那太……極端了。」具有感情的機械人 Sonny 回答 VIKI 說。

「報恩」——把恩惠轉變成奉獻的更大力量

反之，如果當一個人有成就時，還會記得當初改變他的、給他恩惠的人，這樣的人，他的成就才是可貴的，他的成就才會是真正的成就。

而不違背倫理的道理而青出於藍勝於藍，最好的出口，就是「報恩」。

我們因為要報答父母、報答師長、報答曾經給我們恩惠的人，我們願意奉獻自己做更多，我們願意更加謙卑，這樣的人，才有辦法有更大的成就。

而真正的大成就，其實也來自「報恩」。

我也在認真地學習怎麼「報恩」，對所有曾經給自己恩惠的銘記在心，朋友，你／妳是否願意跟我一起學習呢？

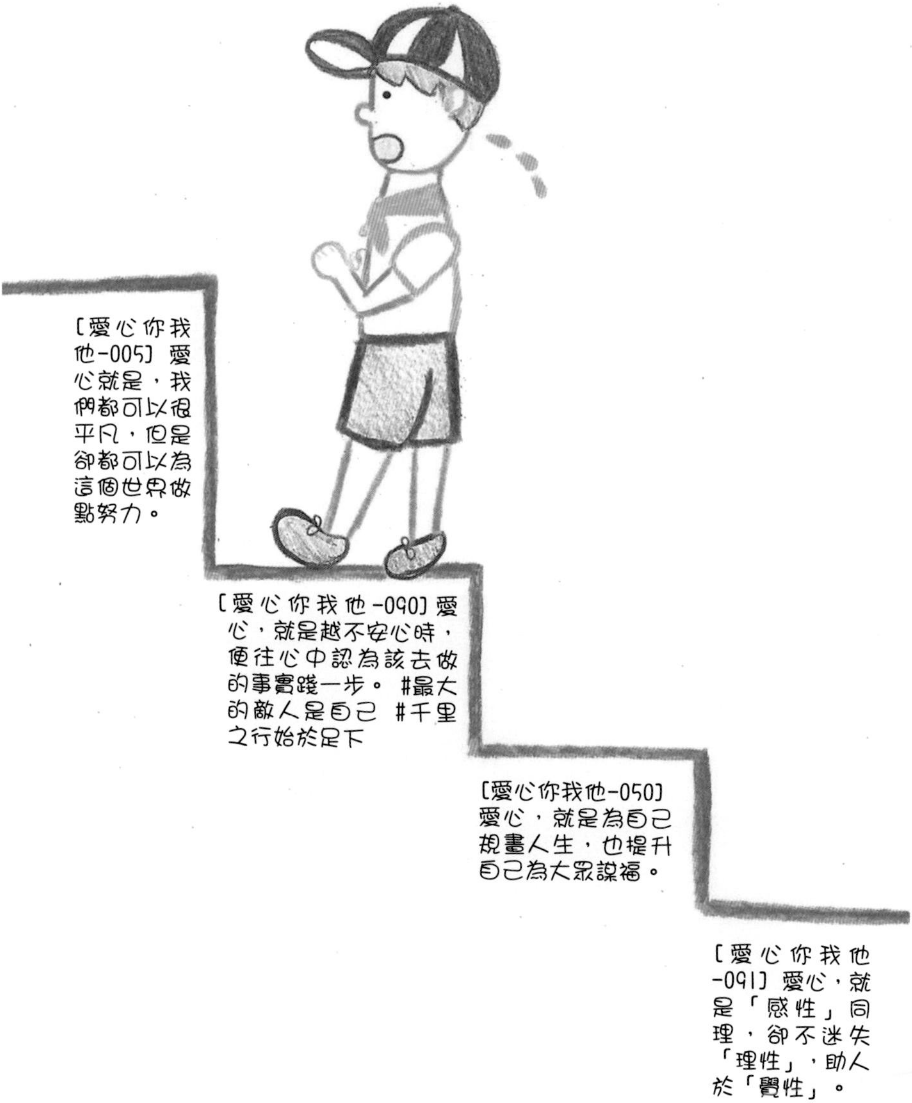
[愛心你我他-005] 愛心就是，我們都可以很平凡，但是卻都可以為這個世界做點努力。
[愛心你我他-090] 愛心，就是越不安心時，便往心中認為該去做的事實踐一步。 #最大的敵人是自己 #千里之行始於足下
[愛心你我他-050] 愛心，就是為自己規畫人生，也提升自己為大眾謀福。
[愛心你我他-091] 愛心，就是「感性」同理，卻不迷失「理性」，助人於「覺性」。

心靈世界初探

在職場上的專業
與靈性解脫內外兼備，
能夠駕馭自己才能成為真正的自由！
啟發需要良知的社會循環，
建立新的成功人生觀。

小媳婦暈船

這是一個寶愛山裡，關於小媳婦的故事。

小媳婦要坐船到遠方的天堂島，這個旅程盡是大風大浪導致暈船，還好零天使與琴天使相繼出現。

寶愛山的小村莊裡面，住著一位小媳婦，小媳婦心中充滿理想，但因為不喜歡跟別人衝突，常常壓抑自己。尤其是別人說話攻擊她的時候，她總是默默地承受，只是，她心裡面總是覺得委屈。

一天，小媳婦要坐船到遠方的天堂島。這個旅程盡是大風大浪，這時，黑色的小精靈飛到她的身邊，告訴她怎麼在大海裡生存；不過，話語中也盡是蠱惑她不要壓抑自己，有好處就該拿好處。

還好，零天使與琴天使相繼出現了……

零天使的導引

正當小媳婦上岸，零天使便降臨下來。小媳婦看到零天使溫暖的笑容，把心中困擾很久的問題說了出來。

小媳婦：「噢！零天使，我其實有點猶豫，我內心一直渴望分享，可是我卻膽小如鼠。」

零天使：『妳在膽心什麼呢？』

小媳婦：「我不喜歡對立！」

零天使：『我接受他們，他們自然就會接受我，大家是分享的心態。』

小媳婦：「我沒排斥誰呀！他們就會攻擊！」

零天使：『呵，那就別理他們，靜語，不回應。要展現我們的儀態讓他們看看。』

小媳婦：「我覺得自己有點ㄍ一ㄥ，對別人的態度會避諱，不想正面衝突！」

零天使：『不用擔心！』

小媳婦：「我在攻擊時會有那種無辜被欺負的心。這樣的心，讓我不敢大方地說……我的內心，有種渴望，就是大方地說。」

零天使：『呵，我猜這是妳的習性，應該妳之前也是這樣，只是剛好在這樣狀態時比較明顯！』

小媳婦：「恩！這在很多地方也是如此，我的工作也是因這個部分出了問題！當然，感情也是……」

零天使：『呵，這是妳的考題』

小媳婦：「我通常心裡有話卻不敢直說，因為不想衝突！」

零天使：『我以前也會這樣，知道怎麼把心裡話轉成可以說出來的話，需要學習。這過程很有趣，說話的當下的念頭！』

小媳婦：「恩恩謝謝！我會加油的。」

琴天使的分享

小媳婦與零天使道別之後，人還是感到不適，這時琴天使出現了。

小媳婦：「琴天使，其實現在這趟旅程感覺有點『暈』，環境給我的衝擊算大……」

琴天使：『什麼意思？太累了？！不適應？』

小媳婦：「呵，沒啦。我滿腦子都是理想，現在小精靈都教我怎麼生存、拿好處。」

琴天使：『喔喔這我了解。』

小媳婦：「呵，妳也衝擊過？」

琴天使：『不過……妳也可以選擇不要跟他們一樣，其實我也很怕有一天會被同化（笑）。』

小媳婦：「其實這趟旅程是我選的，只是還不太習慣，感覺像『暈船』一樣。」

琴天使：『妳慢慢就會習慣底～』

小媳婦：「妳應該習慣了吧？」

琴天使：『大致上習慣了，雖然有些事情也會看不下去……但也無法改變，只能期許自己不要變成那樣，算是消極的面對。』

小媳婦：「我擔心自己的理想，不是那麼一回事。因為自私的人大有人在！」

琴天使：『沒錯～所以當大家在爭好處的時候，也要想想合不合理。』

小媳婦：「嗯呀～雖然我心裡嘀咕著，偷機下如果有些付出還可以接受。」

小媳婦很開心自己遇到的問題琴天使能夠明白，彼此互相鼓勵之後，愉快地結束天堂島的旅程。這時小媳婦心想，原來，壓抑自己是困擾的主因，她在船上感受到如暈船般的不適，也是在試煉她突破自己的決心。

你都跟哪個自己說話？

『我知道你們很想她，不過如果不加以克制的話，我可能沒有辦法跟她進一步交往，嚴重地影響該做的事時，更導致需要放棄她。』這幾天我才懂得，不能只跟裡面的老大（老大是我有時對「真我」的戲稱）對話，還要跟身體的細胞對話，因為我整個人是一體的。

朋友，您都跟哪個自己說話呢？感性的自己？理性的自己？還是裡面的真我？今天就來跟大家分享，最近自我對話的心得。

您都跟哪個自己說話呢？感性的自己？理性的自己？還是裡面的真我？

內省，也有不同的層次！

「你說的跟自己對話，是指內省嗎？」一位夥伴在我跟他聊到跟自己對話的話題時，他這樣問我。

『內省，也有不同的層次唷！看你是跟感性的自己對話，還是跟理性的自己對話，還是跟不曾改變的真我對話。』

歐！在解釋給別人聽的過程，也能讓自己醒悟一些事。我終於比較懂，智者提到調頻的比喻，當你都跟哪個層面的自己對話，你就是把自己調到哪個頻率。

對自己的細胞，就好像胎教一樣！

那天我聽到黃老師跟一位姐姐聊到容易脹氣的問題，黃老師說，可以跟腹部的細胞說：「請你們按照我的生活步調調整，如果這樣下去會造成生活上的困擾，那我可能需要把你們排出體外。」

黃老師說，如果我們的意念可以時常這樣地跟自己的細胞對話，就好像胎教一樣，身體的細胞會漸漸地與我們搭配上來。

我不曾懷孕，也沒學過胎教，但是經黃老師這樣一說，我好像突然明白應該要多多跟自己的細胞這樣對話。

身心靈的平衡，好像治理國家一樣！

「我們的身體好像一個國家，如果以物役心，就好像奸臣當道。如果不被環境左右自己的心，讓光明的自己做主，這樣國家便會風調雨順。」記得智者曾經傳達這樣的概念。

就是因為如此，我常常鼓勵身邊的夥伴要跟真我對話，因為真我不需要學習萬能，本來具足，我也是因為常常跟真我對話，才從祂這邊得到許多智慧的訊息。

不過，這幾天我才發現，不能單單只跟真我對話，也要跟自己的細胞對話，這就好像治理一個國家，如果找到賢能的宰相，但是完全不理百姓的聲音，這樣也是無法風調雨順的。身心靈的平衡，就是找到真我（靈），跟真我對話，還要跟自己的身體、自己的心對話才行。

原來我就是因為鮮少跟我的細胞對話，對我自己的身心要求還是這樣高，難怪常常覺得自己很緊繃而無法放鬆。

「要怎麼樣才可以不這麼認真？」我連想放鬆一點，都很「認真」地請教一位學弟這個問題，哈，問了之後我自己都笑了出來。

朋友，您都跟哪個自己說話呢？感性的自己？理性的自己？還是裡面的真我？還是您從未想過這樣的課題，讓我們一起學習吧！

專業與靈性之間

世上有多少的覺者、先知，因為體悟或見證靈性道路，用盡一切人間的話語，讓人們不以世間物質的生活為生活，追求精神、靈性上的昇華與解脫。

現代靈性的修持上，大部分走入社會，一方面承擔社會責任，一方面探索靈性真相。在職場上的專業與靈性解脫的功課上著墨，可以說需要內外兼備。

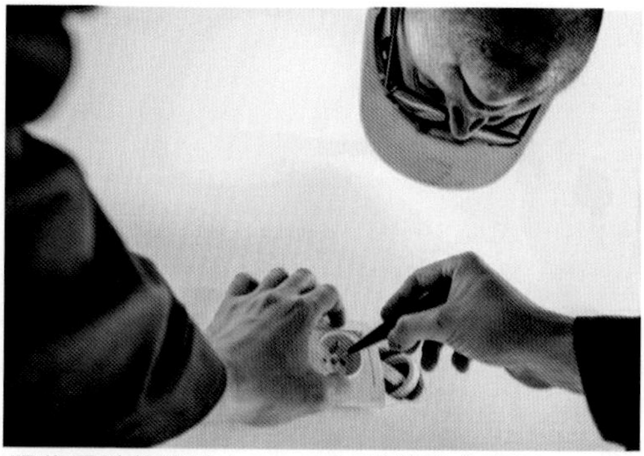

現代靈性的修持上，一方面承擔社會責任，一方面探索靈性真相，可以說需要內外兼備。

降坡容易爬坡難

有些人不懂，在追求靈性解脫上，為何不像別人在追求時看起來這樣快樂？其實靈性的功課，可以說降坡容易爬坡難，但是只要清楚方向，便可以得到其中快樂的方法。

我特別喜愛《尋找上師》封面的一段話：

「老師可能會把剛剛洗乾淨的你，丟進惡臭沖天的糞坑？！而魔鬼卻會在你自恃超越時空之時，為你裝上翱翔的雙翼……那你，究竟希望老師是魔？是佛？還是大師？」

因為真正的敵人是自己，不是別人，通常一個在靈性解脫上有所收穫的人，面對的是自己的心魔，不是外面的對手。所以，好的老師是帶領我們面對心中傲慢的自己，去除自我、貪求、憤怒，帶我們懂得戰勝自己的人。最難的就是，要面對自己，卻不怪罪於人，是現在的人靈性修持上比較難的地方。

要幫助別人，怎麼面對自己？

任何一個靈性修持的人，都會學習利他的功課。要幫助別人，怎麼面對自己呢？就是看幫助人的心態為何。如果幫助別人是為了自己，那這樣幫助的過程會是辛苦的；如果幫助別人是為了放下自己，那迎面來的便是快樂！

只是，現在靈性修持上，不只有社會的責任，還有家庭的圓滿，因此，有些人在無法兼顧下，選擇出家。其實社會的責任與家庭的圓滿，都是一個圓滿的心。

一個願意圓滿的心，會願意傾聽別人，體會別人。因此，靈性修持上願意圓滿的人，這樣的成就的為大，這樣的人往往都是特別謙卑，而不是強勢地想牽著別人走的人。

靈性解脫不易，易迷失表象上

靈性世界眾說紛紜，那誰說的才是對的呢?可以說如人飲水冷暖自知，信者恆信，不相信的也不會相信。

《通行靈界的科學家》中寫到一位學術地位猶如牛頓一樣的科學家史威登堡（Emanuel Swedenborg），他原本深入科學，但某天因故可以自由出入天堂與地獄，他便用他科學的語言深入描述自己看到的一切，讓更多世人願意為這個看不見的靈性大事，在活在人間時還願意下點功夫。只是，相信的人會相信，不相信的人還以為他難得要爬上學術的高峰結果人卻瘋了。

靈性修持上，不離專研在人世間專業的課題，但是專研的同時，又必須保持對靈性解脫上的渴望，是最難的事。因為，這花花綠綠的人間太多資訊，太容易迷失在表象上。

在【Fun學艾力克斯】談天賦、天命與志業

如果讓阿寶來說明什麼是天賦、天命與志業：天賦即是與生俱來的能力，天命則是與生背負的使命，志業就是這生立定志向的理想。越早認識自己的天賦與天命，可以越早結合自己工作與事業在未來的志業上。

日前在【Fun學艾力克斯】錄製廣播，成為人生的第一次，很特別與新鮮的經驗，這個節目討論的，就是「天賦、天命與志業」。對阿寶來說，志業就是成為演說家，在節目中也有提及，也是這次出書的重要主因之一。

朋友，您認識自己的天賦與天命嗎？人生的志業又是什麼呢？

天賦即是與生俱來的能力， 天命則是與生背負的使命，志業就是這生立定志向的理想。

天賦——與生俱來的能力

天賦，就是在眾人之中所具有的特別能力，這個能力如果用在好的地方，可以說是一項「法器」；但如果人陷於迷失方向時，這能力可能更障礙自己。

因此，有時候找到天賦之前，先找到生命的意義來得更重要。

我在找到生命的意義之前，不懂得要將自己的能力用在什麼地方。在班上數學與物理好，似乎只是是讓自己滿足一種成就感的來源罷了；找到生命的價值後，更明白自己的能力越大之處應該責任也越大，對每個人不同的天賦，也會更加尊重與愛惜。

天命——與生背負的使命

天命，我稱之為「與生背負的使命」，這部分我自己的體驗是：人一開始或許不認識自己的天命，可能跟著社會的價值觀追求外在的需求、學歷、工作能力，但內在的自己藉由一些事情發生或環境，潛移默化地影響自己的價值觀，讓自己認識自己的天命。

通常，天命多是對社會大眾有正面價值與意義的事具有使命感，或是對這些正面的事富有熱情。

有時候人因為一些社會舊習的陷阱或誘惑，產生跟天命背道而馳的態度或價值觀時，會遇到一些不如意的事來提醒自己，如果人不陷於鐵齒，都還來得及回頭是岸。

志業——這生立定志向的理想

至於志業，就是這生立定志向的理想。記得企業家郭台銘曾說：「工作的第一個十年為工作而工作，第二個十年為事業而工作，第三個十年為志業而工作。」可見如果越早認識自己的天賦與天命，可以越早結合自己工作與事業在未來的志業上。

我因為加入領袖會而認識自己的天命，也更加認識自己的天賦為何目的存在，因此確立自己的人生志業：推動世界和平的演說家。

就像 Alex 節目上說的，天命不見得是志業，但認識內在真正的自己，就更容易深入地找到自己的志業是什麼，讓短暫的人生朝向更高的目標來努力。

★為何要出書呢？

聽聽阿寶於【Fun 學艾力克斯】怎麼說：

https://youtu.be/-9yutgwjsdc

「自由」非自由！

因為現在的人只重視眼前的「自由」，但是看不見未來的結果，看不見責任，看不見自我設限，這樣的「自由」都不是真正的自由！因此，「自由」成為肆無忌憚宣洩情緒的藉口，「自由」令眼睛觀察看不到的真相。而這樣「自由」想像出來的愛，也不是真愛。

真正的自由，並非在眼前這些「假自由」。能夠駕馭自己，成為自己真正的主人，才能擁有真正的自由！

不相信因果與責任，非真自由！

真正的自由，並非在眼前這些「假自由」。能夠駕馭自己，成為自己真正的主人，才能擁有真正的自由！

有些人因為不再相信因果、不對某些事情感到責任而如釋重負，以為得到了自由。其實因果並非因相信而存在，而責任也並非不管而消失，因此這樣的「自由」非真自由！

因為不再相信因果，自由成為肆無忌憚宣洩情緒的藉口，以為自己顛覆了制約，以為自己超越了自己的限制。很多人、媒體便是以「自由」為由，任意地散布情緒化的訊息，並對自己造成的事情不帶責任感，造成現在仇恨與對立的社會氛圍。政治上也是，前陣子看到墨西哥政府為掃毒掃蕩，對照我們台灣立委們還在為販毒的自由人權奮鬥，就可以想像為何現在台灣施用毒品的年齡越來越低了。

然而，這樣無責任的「自由」卻受到共鳴，並被稱讚與認同，因為大多數的人不想被管，卻不觀察其造成的影響。或許自然的運行有其道理，這樣非真的「自由」，到一個程度的時候即會受到反撲。

制度上的自由卻自我設限，非真自由！

在台灣也有一個很弔詭的地方，就是強調這裡是一個自由之地，卻不看外頭的世界怎麼發展，更用仇恨來看待中國大陸，這樣的「自由」也不是真正的自由！

為何自我設限不是真正的自由呢?舉個最簡單的例子來說，前陣子分享了〈自元旦發了陸英線貨運，經過十八天之後到了英國〉的消息，有人對於這樣的成果不以為然，更甚至嗤之以鼻。台灣內部有這樣的反應令人感到憂心，仇恨讓眼睛封閉，我們雖看得到中國大陸的資訊，卻看不見其優點，無法真正地深入精要。

川普上任之後，開始所謂的保護主義，築美墨圍牆、在貿易上進行國家保護、限制環保人士說話，如果您可以無成見地看待這樣的變化，也就可以發現，所有的制度都不是完美，也都會有其客觀上自由的限制。我們的網路是自由的，但是一打開電視新聞都是西方來的新聞，就算查得到中國大陸、俄羅斯等等新聞也是加以否定，這不是真自由!

能駕馭自己，才能成為真自由!

真正的自由並非眼前看到的「自由」，真正自由的心靈必不會受到制度、情緒、身體障礙所限制，所以這樣的自由對自己的身心靈的駕馭必是自如的，成為自己真正的主人。

眼前的暫時「自由」想像出來的愛，也不是真愛;而能夠駕馭自己的愛才能夠真正愛人，這樣的人也懂得——真正的敵人是自己，不是別人。

人為何應該探索靈性？

坊間有很多宗教信仰，也有許多機構開設身心靈的課程，靈性跟我們有什麼關係？人為何應該探索靈性？讓我們來試著探討。

人應該懂得思考，但也應該學會駕馭身心，啟發需要良知的社會循環，為下一代建立新的成功人生觀。

人應該懂得思考，但也應該學會駕馭身心

現代的人常強調要懂得獨立思考，要有理性的懷疑與驗證的精神；但卻鮮少強調駕馭身心的重要。

在資訊發達的世代，有些人掌握資訊工具以取得利益，但有時候並非有人刻意掩蓋真相，而是因對同樣一

件事情，很容易產生多種不同角度的詮釋與解讀，所以看到的結果、結論與評價也不同。也因為如此，人在多樣的意識形態紛擾下，容易陷入六神無主的情況，而導致身心健康受到影響，最常見的如躁鬱症、腸胃不適、失眠等問題，疑神疑鬼也變成常人的通病。

人在探索靈性之後，不再以意識形態來理解世界，對人生觀也更加坦然面對，六神無主的人能有明確清晰的方向，覺性思考。人在越多資訊下，越應該學會抽離與沉澱，從零開始看待所有資訊。

啟發需要良知的社會循環

這個社會相較早期社會更重視平等與自由，保護人權的提倡下，再繁瑣的法治與規範，還是難以控制人的聰明奸巧。最諷刺的就是台灣人在國外賣毒品、詐騙，當受害者是大陸人民時，部分立委竟為了兩岸的政治立場因素，昧著良心無視於受害人感受，以人權之名譴責中國大陸。

媒體、民代在言論自由的保護傘下，肆無忌憚而浮誇的話術，容易發生扭曲事實的情況，這些所造成的社會問題是隱性而難以察覺的。當人開始探索靈性，也會相信良知的譴責、重視內在良知的訊息，做人做事一切以良知開始。

一位網友在閱讀我的一篇文章後，感慨道：「現在的人說實話有這麼難嗎？」確實，現在的人為達目的，常常昧著良心不擇手段；現在的社會需要良心做人，從良知開始建立正面的社會循環。

為下一代建立新的成功人生觀

在現代價值觀裡，是否為一個成功的人，都是以他的事業規模、收入高低來評斷，人與人之間常常在利益關係下產生衝突。當人相信靈性，不以眼睛看到的有限世界來評斷世界，也將不會用職業、貧富去看待一個人。這個世界將會建立一個新的成功人生觀，一個肯努力的人，不論其家世背景都有機會上游。

人探索靈性，讓人生不是只為忙忙碌碌地追求地面上的事務而來，也不只是找一個信仰或宗教來依賴，而是更清楚生命的本質。這個身體、這生的事業與志業、這生的信仰都是百年之事，再追求也帶不走。靈性的永生大事，不僅跟我們息息相關，當我們離世的時候更隨我們而去。忙忙碌碌到頭來忘了這生最重要的永生大事，只會後悔莫及。

總之，我們應該即刻開始探索什麼是靈性，更積極進一步在靈性上改變自己，不再蹉跎短暫的百年光陰。

兩個踏墊遊戲

人生，猶如這篇文章描述的兩個踏墊遊戲。

有些人不了解踏墊的遊戲規則，A踏墊很輕，浮浮沉沉遇浪起伏甚大，有人還跟著玩起衝浪來。

這兩個踏墊掛著不同重量的砝碼，看起來大小相同，但是踩起來卻大不相同。A踏墊是彩色的，踩起來是輕鬆的、好玩的；B踏墊是黑白的，裝的砝碼比A大得多，所以踩起來特別沉重。這個遊戲有兩個規則：自私加重助人減重、只要離開其一踏墊遊戲便會再次開始，直到砝碼浮空才真正結束遊戲。

遊戲規則一：自私加重助人減重

遊戲的第一個規則，就是自私增加砝碼，而幫助別人可以減少砝碼。因為每個人要站穩在踏墊上，容易產生推擠與碰撞，自私的舉動將使得砝碼增加、踏墊變重。而相反的，在遊戲進行過程中，只要幫助別人，便可以減少 A 踏墊的砝碼；只要幫助別人明白遊戲規則並幫助他人減少砝碼，便可以減少 B 踏墊的砝碼。

有些人雖不知道遊戲規則，傻傻地幫助別人，獲得減輕 A 的重量。有些人雖知道遊戲規則，拼命地希望藉由幫助別人以減少砝碼，但卻因為製造錯誤而造成更多砝碼。

遊戲規則二：只要離開踏墊　遊戲便會再次開始

遊戲的第二個規則是，只要在砝碼淨空前，身體離開其中一個踏墊，遊戲便會結束，然後再次開始。並且，A 踏墊的砝碼將會移到 B 踏墊，並掛上新的砝碼，所以下次開始的遊戲中，B 的重量因加了上次 A 的重量而更加笨重。

不過，有些人並不了解這樣的遊戲規則。一些人以為彩色的踏墊比較輕鬆，全站到這個踏墊上，因為這個踏墊很輕，浮浮沉沉遇浪起伏甚大，有人還跟著玩起衝浪來。甚至，他們對遊戲的重新開始感到有趣，並樂於身在其中。

另一些不知道這遊戲規則的人，以為黑白的踏墊很穩，只要站在上面就可以贏得遊戲，可是結束之後便又要再次開始，直到發現不得同時離開兩個踏墊的遊戲規則，才恍然大悟。

人生中入世與出世的功課

A 踏墊便是人世中圓滿的功課，B 踏墊便是靈性中圓覺的功課。很多人跟隨著社會的形態與價值走，以為眼前看到的世界便是世界的真相，將靈性的功課放在一旁；另外一種人，以為靈性的功課是唯一，放下了人情世故，脫離家庭與親情。

還有一種人，就是認為人間與靈性同樣的重要。這樣的人有部分是因為人間事情太過於多變，不小心就把靈性的功課忘記了；另一部分的人則因為同時要處理出世與入世的功課，最後產生了倦怠感；又或許一開始就已經產生恐懼、沒有信心，雖然顧及兩個功課，但動彈不得也無法幫助別人。

不過，認為人間與靈性同樣重要的還有一部分的人，就是雖然做得不怎麼高明、不怎麼漂亮，但是都很謙虛，默默地做，傻傻地做、傻傻地付出，這樣的人不容易被注意到，潛移默化地影響著別人。

解決問題抑或離開問題

當你發現到一件事情的難題時，你會選擇解決問題或者離開問題呢？考試遇到不會的範圍、沒有錢旅遊都可以跳過或折衷，但是靈性解脫卻不是離開問題便可以解決問題。有時候把離開問題誤以為是解決它，其實裡面藏有「懷疑」的陷阱。靈性解脫的問題，必須找到了解自己的善知識、堅定並可以協助自己克服問題的對象，才能真正地解決問題。

有時候把離開問題誤以為是解決它，其實裡面藏有「懷疑」的陷阱。

無法解便離開問題？

靈性解脫與考試、旅遊不一樣

離開問題的例子不勝枚舉，如不教微積分的林棒補習班

（設計名稱）一樣……

某天小明問起隔壁的小黃，認為李老師講的微積分太難了，放學後小黃拉著小明一起去他喜歡的林棒補習班。補習班課後……

「小黃，真的太感謝你了，你帶我來這個補習班解決了我長期以來數學的噩夢。」

『很高興你喜歡，我覺得李老師的數學教太難，大家學起來沒有興致。』

不過，雖然林棒補習班收費低，但老師一向不教微積分的，而這天晚上的數學只是高一的複習課程。

另外一個例子，就是當我們要去某個地方旅行時……

「巴黎旅費用這麼高，我們去香港玩吧，環島也不錯呀！」

像這樣的對話，經常會出現在日常生活裡，沒存這麼多錢就折衷，成為選擇的結論。

靈性解脫就不同了，在靈性的課題上，我們無法藉由離開問題來解決問題，而且越到重要的關頭，越考驗自己堅定的意志力。

懷疑——以為解決靈性問題的陷阱

有時候，我們可能因在靈性解脫遇到無法突破的問題，而產生一些恐懼，甚至產生恐懼比收穫來得多的感受。如果這時候離開這個環境、或找到另一個環境學習，可能讓我們有豁然開朗的感覺，像是解決了問題，但其實只是離開問題。

這個豁然開朗的感覺，有個「懷疑」的陷阱。

這個懷疑的陷阱，便是因為我們以為找到更適合自己解決問題的答案或方法，但可能這個新環境或方法並不處理真正的問題，而這個豁然開朗的感覺，或許不是我們想的這樣——解決了令自己恐懼的問題。

找到了解自己的善知識

因此，在靈性解脫的課題上，找到堅定的善知識很重要。不過，我有個朋友提出自己遇到靈性解脫方面恐懼大於喜悅的感受時，卻被對方指責不夠精進。

「你可以找其他堅定的人處理，不見得每個人都懂你的需求。」我跟他說。

如果自己身旁堅定面對解脫靈性課題的善知識，都不了解自己怎麼辦？首要的，就是先堅定自己，這一生要解脫靈性、回到靈性源頭的目標。接下來，就是憑著這個信念，觀察有沒有自己可能觸及到的其他善知識。

不堅定的人，他帶給你的可能不是解決問題，只是離開問題；離開問題，以為問題解決了，這就是所謂的陷阱。找到堅定並可以協助自己克服問題的對象，才能真正地解決問題。

[愛心你我他-109] 愛心，就是追求理想合乎中庸自然不走極端，找到更好的階段之計，不急於馬上改變適得其反。

[愛心你我他-086] 愛心，就是在逆境中別人伸手支持時，不刻意客氣，珍惜擁有的福氣。

世界宗教

行真理，
宗教也可以無「宗」界！
認識各宗教，
「聖靈」就是你生命中的GPS，
宗教在心靈世界融合，
如光的大海成為一體。

行真理，宗教也可以無宗界！

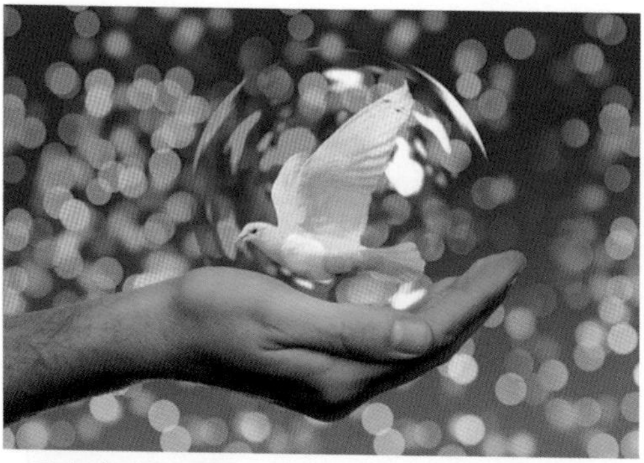

國家應該無國界，宗教，是不是應該也無宗界呢？

二〇〇九年，我拿到自己第一本新舊約聖經。事實上，我已經有三本新約聖經，分別放在寢室和彰化家裡，很早就想買一本舊約。可能是緣分到了，我買到第一本新舊約聖經，我很珍惜地放在寢室，有空檔就讀經。

國家應該無國界，宗教，是不是應該也無宗界呢？

推動世界和平　一定要深入宗教

回想起以前大學的時候，我不同於其他的同學，喜歡到處參加宗教活動，一貫道、基督教、摩門教到處參加。後來學了領袖禪後，我還買了轉法輪，電腦裡面，收集有電子版的新舊約聖經、可蘭經、佛經，也參加過一貫道的法會，兩萬人次的佈道大會。

「我是因為很喜歡氣氛所以參加。」當跟朋友介紹自己為何到處參加宗教活動，我都是以這樣的理由回答。大三的時候開始學習用 BBS，那時我就是用 babywey 的帳號在宗教版貼文。

現在我比較不常去宗教版貼文了，因為我明白在台灣如果講宗教，好像都會被潛在的認知莫名地扭曲，要推動世界和平，倒不如先從一般人更容易理解的和平與愛切入，反而容易讓人接受。

不過，我心裡卻有一個聲音，如果要推動世界和平，一定避不了深入宗教。因為許多人把最黑暗面、負面的意識都托付給信仰，群體間更大的對立卻也因此在信仰裡面產生。於是自從二〇〇八年聖誕夜，我接觸了中壢的基督徒朋友，參加在中壢的一個教會活動後，我決定要了解基督教，先從加入開始。

當有否定　先用理解的方式來接受

這次參與了半年他們的讀經唱詩歌，一開始參與時我其實有點怕怕的，因有別以往，這次是想要深入地認識基督教。雖然我一開始就大方地說出有學禪的經驗，但是經驗上使我明白，我需要認識，為何基督教會否定其他的宗教信仰。

每次遇到大家否定其他宗教信仰的時候，我則選擇以理解的方式先接受。

我心裡想，宗教間互相否定，就像人與人之間有誤解而互相否定的道理一樣。但是我相信像耶穌基督、穆罕默德、釋迦摩尼這樣透徹真理的成就聖者，必定不會這樣地互相否定；換句話說，會互相否定，是還未透徹真理的信仰者扭曲真理所產生的問題。

一開始最令我趕到矛盾的點，是當我還是認為不應該否定其他的信仰，而我每次跟上帝禱告，卻每次都會有聖靈充滿的靈電感受。因此，有一次我心裡跟上帝禱告：「我相信無論任何生命相不相信，都會愛所有生命，乞求幫助與引導我用更多人可以接受的方式來接受。」

行真理無宗界　將看到靈性一樣尊貴

智者跟我們說，我們要換個方式來思考國家，亦即國家間不需要像以往這樣的國界。我嘗試舉一反三，宗教之間，是不是也可以像國家一樣，用一個新的方式來思考，如果真的可以讓所有的生命上天堂、上佛國，宗教間就不需要界線。

我心中有個明確的方向，就是當我們實際去見證真理的時候，宗教的界線就不見了。因為無論什麼生命都一樣地尊貴，不分任何的膚色、種族、語言、地域、工作，當然，我相信無論是什麼樣的宗教與信仰，也是一樣地尊貴。

領袖禪心得第一彈

禪修確實對我的幫助是多的。鼻竇炎、小時候的偏頭痛明顯改善，負面思緒可以有轉化的利器，讓自己不會計較，心情清爽讓自己看起來年輕。

人生有了重心與目標，雖無法事事如意，不至於失去方向。

學會尊重生命，愛地球、愛世界，追尋生命意義。

禪修確實對我的身心靈幫助是多的。學會尊重生命，愛地球、愛世界，追尋生命意義。

這篇短文，就來跟大家分享我的領袖禪心得唄！

禪帶來生理變化

鼻竇炎、小時候的偏頭痛明顯改善

我小的時候，可是個藥罐子，除了常常鼻竇炎、偏頭痛，我也在高中時期照過胃鏡，再加上偏食、不會看天氣穿衣服，我的身體似乎總是讓爸媽擔心。

記得媽媽為了我的偏頭痛，去中藥店幫我抓藥，每週都燉雞精給我喝。每次燉一隻雞，就是為了那一碗的精華，我雖覺得腥味很重，但是心存感激地把媽媽的愛心喝了。至於鼻竇炎，我記得只要氣候溫度變化比較大，或是打掃、翻書等等揚起的飛塵，都足以讓我打噴嚏一整天，每每一定都要到睡覺時，才可以停止打噴嚏，甚至有時還因打噴嚏而無法入睡，打到夠累時才能睡下。

禪修第一個好處，就是為生理帶來的變化，我的身體明顯變好了。

禪帶來心情變化　轉化負面思緒的利器

以前高中同學曾玩笑地說我一個月來一次，這指的是我壓抑的負面情緒，每個月都會爆發一次。我發現，領袖禪讓我面對最大的敵人——自己，面對自己善變的心情。

有時候再怎麼忙，或同學希望我陪大家一起看電影，我都不會放棄每天的一禪定，是因為這是我好好面對自己的時間。或許有人覺得太浪費時間了，但是對我來說卻是十分寶貴的。現在很多人忙忙碌碌，卻難以靜下來面對自己，我發現禪修之後，因為每天的禪定，讓我更加面對自己真正想要的是什麼。

禪修第二個好處，就是為心情帶來的變化，我的負面思緒不再累積而得到轉化。

禪讓我重新認識心靈的世界

在禪修之前，我一直認知人生的目的，就是跟其他人一樣，念了幼稚園、初中高中、大學研究所，結婚生子到老。心靈是屬於宗教的範疇，身心靈的課題坊間比比皆是。

但是禪修之後我才發現，之前我都是從外在的世界來認識禪，這樣的禪並不是真正的禪，而是「名」、「相」上的禪；真正的心靈，也不是我之前所想的，好像只是修身養性的一個坊間課題。

靈是主，外皆是客。這是我重新認識心靈世界後的心得。我以前以為的正業，好像都是學生的功課、工作後的事業，但是成為人，更重要的是找到我們身體裡面的真主人——自性。也因為如此，我相信領袖也需要修禪，因為當領袖們發現物質的世界只是心靈世界的影子後，名利權勢都變得不重要，任何的追求都是為了讓我們心靈可以解脫成就。

淺談領袖禪——

從「出家」和尚就業談起

「出家的真正含義，是『心』出家，不是『身』出家。」

如果您稍微留心可以發現，現在不只偶爾在大眾交通上看得到出家和尚，甚至，他們也開始報考國家考試或參與其他就業。因為現在的修行，已經不是傳統的剃度之後拋下世俗才叫作修行。

智者說：出家的真正含義，是「心」出家，不是「身」出家。

修行有許多不同的階段，初步的修行是學習利他，所謂善行。但是這樣不夠，還需要認識我們身體以外還有真正的主人——靈性的存在。領袖禪，禪的最究竟，也是要去認識這個看不見的世界。

身出家與心出家

當我從朋友口中聽到有出家和尚報考國營事業時，我真的有點驚訝。因為傳統的出家觀念，是拋開世俗、家庭、工作，到一個寺院跟著僧團一起生活。

現在真的有和尚在國營事業單位裡，穿著袈裟，在休息的時候不跟其他同事互動，選擇在樹下打坐。這樣的和尚是把工作當作修行的地方了，因為脫離世俗的眼光，跟大家一起在職場承擔社會責任。

不過，如果可以再從袈裟的相走出來，可以更好。

試想，如果我們穿著一般人的工作服或西裝，但是也可以像這樣的和尚，無處不是禪定之處，無處不染心的習性，是否更需要往內心的解脫，更是修行的真功夫。

利他真正的目的：貼近自然的自己

很多的信仰勸人為善，但是停留在追求更多的福報，這個「利他」的佈施觀念需要昇華，因為，我們不能停留在肉身的時空，來看靈性這件事。

南非前總統曼德拉曾說過：「『恨』都是經過學習而來，如果他們能夠學習『恨』，也能夠學習『愛』，因為愛更自然，更接近人性。」其實，利他真正的目的，就是因為「愛」更自然，更接近人性，難怪曼德拉可以寬恕二十七年的監獄生活，帶領黑人接受白人，領導南非走向國際舞台。

真正的領袖知道的不是觀念而已，而是體悟到真理的智慧。真正利他的目的，不是求得更多的福報，而是貼近自然的自己，走向真正的自由之路。

如果不是如此的體悟，耶穌不會在整個人被釘在十字架上時，還替嘲笑祂的人禱告。祂的身體是被十字架的釘子限制了，但是祂的心卻是自由的。

從假我到真我之間

現在的禱告也是如此，常常都是在求，求自己可以有車、有房子、有段好的婚姻、有份好的工作。這些一切的一切，都是在百年的身體上琢磨。我們的假我是生理、心理的聚合體，身體的反應成為意識，心理的反應多為記憶；但是主要支配我們身心的真主人，其實是裡面的靈性，這就是真我，也是自性。

禱告昇華之後，會從百年感知的假我，昇華成為愛、慈悲、喜悅的真我，禱告更多的人得到平安滿足、並靈性豐富。

領袖禪，禪的最高層次，有領袖禪鍛鍊的領袖，可以體察別人看不到的世界，領導世界走向智慧、和平與圓滿。

《尋找上師》vs. 依法不依人

《尋找上師》一書讓更多人認識佛教禪宗、密宗裡面所強調的上師的重要性。或許許多的佛教徒覺得，不是依法不依人？為何這麼強調上師呢？其實，這兩個概念並沒有衝突，衝突的在於，我們對這兩個道理的認知是否正確。

就是因為他們沒有衝突，我相信運用在任何正確的信仰或宗教上也都不會有所衝突，無論是基督教的牧師或天主教的神父，還是伊斯蘭教，都可以適用。就在心靈世界融合的光明大海，成為一體。

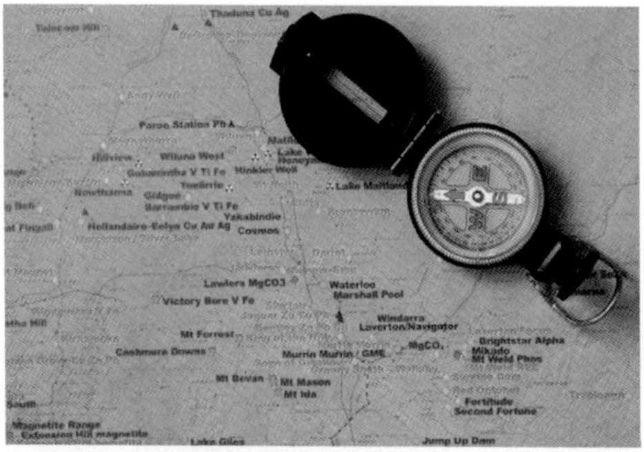

上師就好像心靈的地圖與指南針一樣，指引我們永生的解脫之道。

人成為聖潔（佛）的可能

一般傳統佛教徒很難接受，禪宗或是密宗對於上師的尊敬與修行意義，有一個很關鍵的點，就是主觀地認為人不太可能聖潔，換句話說就是，一般的人很難成佛。我問過有這樣的想法的朋友，是怎麼看待耶穌的？她卻認為耶穌的聖潔是可能的，但現在的人不可能像耶穌一樣。

不過，聖經對於耶穌有結婚這件事其實有所掩飾，這樣的動作被某些人解釋為：因為基督教要將耶穌神格化。其實，我們都扭曲了聖者存在的應有的觀察角度。

依我看來，就跟　神秀大師提的「時時勤拂拭」與　慧能大師所說「本來無一物」差異的原因一樣，看您從什麼層次角度來看這些聖者。如果了悟每個人心中都有一尊尊貴的佛、上帝，並以佛、上帝作主，這個人表面上看來雖跟一般人一樣平凡，但是他們的心卻已經不平凡了。

一般人對一位聖者會如此尊敬，常常是因為抽象的美感，卻不是看到他充滿慈愛、寬廣的心。因此，如果我們生在這位聖者的年代，我們可能不會對祂感到尊敬。我常常用《受難記》來模擬這樣的可能，如果我們站在半夜裡、無知並想害死　耶穌的群眾當中，我們會跟著眾人一樣唾棄耶穌？或是我們會像西門彼得一樣地不認耶穌而事後感到愧疚？或還是我們會很堅定地說：「祂是我的主！」」？

上師的重要性！

「頂戴上師，是『覺知』的寶鑰，沒有這把金鑰匙，任何通往修行的道路都是封閉或窒礙難行的崎嶇之路。」——摘自《尋找上師》

耶穌、穆罕默德、釋迦牟尼佛，都是通往神性、佛性、真理的上師，不過，當我們不屬於那個年代，我們必須找到可以讓我們回到心靈故鄉的上師。

《尋找上師》其實也說明一個道理，你會找到什麼樣的上師，跟你找這位上師的動機相關。如果你只是想賺大錢，你會找到跟賺大錢相關的老師；如果你只是想過個好日子，你就會找到符合你心目中好日子的老師；而如果你希望這一生可以得到心靈的解脫成就，你就會找到（也必須找到）可以讓我們成就的上師。

依法不依人，就看我們追求什麼樣的法！

這依靠的上師跟我們追求的法有關，我們追求外在的法，就找到外在的老師；我們追求內在的、心靈的、光明的，我們就會找到內在的上師。

因此，許多人以為自己依法不依人，自己信主不拜偶像，其實只是自己找了一個可以相信的法的替代品（佛經），或偶像的替代品（耶穌的形象）。其實，手指明月，手指卻不是明月，我們根本不了解佛經、耶穌，如何就是指著真理的文字與聖者呀！

認識馬拉拉・認識穆斯林世界

虔誠的穆斯林散發著修行人的氣質，每天於固定的時間對麥加膜拜，每週並去固定的清真寺禮拜，並不是伊斯蘭教（回教）都是激進分子。

馬拉拉，她是穆斯林（即回教徒），生於巴基斯坦，僅十七歲就拿到諾貝爾和平獎。在看電影《馬拉拉——改變世界的力量／*He Named Me Malala*》時，剛好我拿到網路購買的穆斯林聖典《古蘭經》，一探穆斯林世界的樣貌。

我在中央大學念書時也遇過虔誠的穆斯林，他散發著一股修行人的氣質，每天於固定的時間對麥加膜拜，每週並去固定的清真寺禮拜，也在桃園的某個地方。所以，從認識的穆斯林便可以知道，並不是伊斯蘭教（回教）都是激進分子。

馬拉拉主張女性教育權而受到塔利班的攻擊

馬拉拉為何這麼年輕就拿到諾貝爾和平獎呢?因為她在一個女性備受歧視的環境裡，提倡女性也有受教育的權利，而她的母親有幸地也受教育，成為當時班上唯一的女性。

但是因為馬拉拉提出女性應該受教育的理想，便遭到激進的穆斯林塔利班攻擊，塔利班一群武裝分子直接找到學校，朝她開槍。她左臉受到槍傷之後，臉部肌肉、左耳聽力等等都產生問題，但是馬拉拉並沒有恐懼，也沒有恨意。

激進的非穆斯林，是以戰制戰的美國

說到伊斯蘭教，一般人都會想到一手拿可蘭經、一手拿槍，其實真正虔誠的穆斯林也是修為極好的回教徒，倒是美國以戰制戰的手法，對於伊斯蘭世界內的和平，根本沒有幫助。

最近美國用有「炸彈之母」之稱的 GBU-43B 攻擊阿富汗的 IS，號稱有近百位的聖戰士死亡，但馬上就遭到塔利班以襲擊阿富汗的軍事基地回應，新聞報導有一百三十人喪生。

美軍投擲「炸彈之母」的消息一出，阿富汗前總統卡爾扎伊（*Hamid Karzai*）即譴責美國：「這不是反恐戰爭，而是沒人性且殘忍地把我的國家當成新型危險武器的測試場。現在得靠我們阿富汗人來阻止美國。」

由此可知，美國用武力來以戰制戰，不只對當地的反恐沒有幫助，也造成更多無辜的百姓受傷，您說真正的激進分子是穆斯林塔利班？還是主張以戰制戰的美國呢？

認識穆斯林世界，可以從可蘭經開始！

其實要認識真正的伊斯蘭教信仰，我相信可以從可蘭經（古蘭經）著手，正好我在網路上購買的一本可蘭經剛到，我馬上打開來翻閱。

相對於基督教的聖經用故事來呈現，可蘭經呈現的方式比較是直述性質，直接告訴你什麼是對的、什麼是錯的。想認識穆斯林世界的朋友倒也不用像我這樣買一本可蘭經，可以在線上直接看得到中譯的內容唷！

在我的心中一直有一個信念，心靈的真實世界本來就沒有分別，會有各種宗教的區別，都是人為的因素。可蘭經的導讀裡面呼應了這樣的真理，祂對的是全人類，不單只有穆斯林。要怎麼明白經文中真正的真理？就要從心靈的層面上來看，而不是從文字的表面上來看。您說呢？

聖靈就是你生命中的GPS！（非基督徒亦適合閱讀）

「聖靈」就是你生命中的 GPS，它的訊號連結到衛星上，衛星的視野在生命中如同是萬物的本源：上帝一樣寬廣。

「聖靈」就是你生命中的GPS，它的訊號連結到衛星上，衛星的視野在生命中如同是萬物的本源：上帝一樣寬廣。遇到逆境的時候不要急，學習地圖與GPS並用，而GPS給足你完全的自由意志，直到你到目的地為止。不要任意批評別家廠牌的GPS，因為別人可能比你早到家。也不要用自己的位置指導別人應該怎麼走，這樣別人會迷路底，除非你已經到了通達衛星的層次了。朋友，我們一起回家吧！

每個人都有GPS
最重要的功能就是回家

每個人都有自己的 GPS，基督教叫「聖靈」，佛教叫「自性」，《零極限》裡叫「神性」，妳／你也可以說「良知」、「良心」，或者阿寶一直在賣的「愛心」，呵！

這個 GPS 安裝的地方不在外面，在我們每個人心臟的位置，每天都跟我們相處一起，而且天生具足不需要安裝費，使用 GPS 所需付的費用則是「相信」。

使用 GPS 最大的功能，就是回心靈的家，永恆的家，或許你還不覺得回家很重要，或是有些其他因素不想回家，但是你應該嘗試看看，在各地玩或奔波的同時，找個機會回家，因為你會知道，回家真好。

遇到逆境不要急！學會地圖與 GPS 並用

你要相信 GPS 給你的路徑，就算難走也是最適合你的路。舉個例子來說，我大學之前，常常對自己的數學、物理很自負，常常只想談戀愛，聖靈卻安排我在碩博士不管是功課、感情上都重重地踢到鐵板，原來聖靈清楚我自己需要的，就是放下傲慢、放下世間的執著，先找到回家的路。有些人覺得上天對自己不公平，先不要急，先打開自己的 GPS 來看，其實它的路徑絕對有它的目的在。

應該學會地圖與GPS並用，有些人看聖經不會跟聖靈溝通，就好像只看地圖不用GPS一樣，有些人會跟聖靈溝通，但是卻不懂看聖經，這都是不OK的。因為如果你只看地圖，可能繞遠路；如果只用GPS不會看地圖，你可能會走錯路。

GPS的好處，就是在你不想走它提供的路徑時，給足你完全的自由意志，如果走了另一條路，它也可以馬上設定新的路徑，直到你到目的地為止。不過，如果一直刻意不走GPS給的訊息，可能因為鑽牛角尖走到死巷，呵！

不要批評其他GPS、亦不要隨意指導別人怎麼走

另外，已經會使用GPS的朋友必須知道，最重要的是回家，不要批評別家廠牌的GPS，因為當你還在自以為是地取笑別人時，別人可能比你早到家了。或許有人終究意識到，無論哪一家的GPS用的都是同一個衛星，只是名稱不同。

也不要用自己的位置指導別人怎麼走，因為每個人的位置或路況不太一樣，這樣別人會迷路底，除非你已經到了衛星的層次（通達上帝的層次）了。就因此，我們對生命也會更加謙卑。

朋友，如果你還不會用GPS，可以開始請教別人，如果「會用GPS了」則可以教別人，我們一起回家吧！

【名詞使用對照表】

朋友，你可以嘗試用以下的對照表，來認識不同廠牌製造的GPS：

1、廠牌：衛星／GPS／地圖
2、基督教、天主教：上帝／聖靈／聖經
3、佛教：佛陀／自性、佛性／佛經
4、伊斯蘭教：阿拉／？／可蘭經
5、零極限書迷：萬物本源／神性／零極限
6、一般：上天／良知、愛心／古聖先賢的書

後記

《阿寶愛心獨賣——拾年佰篇仟字精選輯》終於要出版了。從二〇一七年六月二十四日在部落公告即將出書後準備到現在。從找合作的專業校稿、印刷對象，為了降低成本自己動手整理稿件、美編、排版，這幾個月真的收穫很多。這一步步的經歷，充滿要迎接自己的孩子出生似的喜悅。

致謝

這本書要成全，需要感謝的人實在太多。首先一定要感謝這四十年來爸媽的養育與家人的陪伴，智者在懵懵懂懂時的啟蒙，以及領袖會長年來人格教育的培養。

我也需要感謝中央大學的學妹曹雅涵的「不老共創」行動，觸發我出書的想法；感謝鄭姊Pammy在出書方面許多的鼓勵與指導，感謝民國黨主席徐欣瑩博士、資訊長吳旭智博士，還有中大蘇立仁教授特別撰文推薦；感謝王晨馨在各方面出書人才的引介，校稿、版權、美編、印刷、通路，沒有一樣需求問不到；感謝吳菡用心幫忙校稿，這十多萬字真的不少；感謝親朋好友在我宣布出書後的支持與推薦，你們的肯定是阿寶未來努力的重要動力。

我也必須感謝老婆Dory，妳是我努力背後的溫暖，謝謝妳願意默默地在我身邊陪伴，這本書裡面有幾個創意插圖出於Dory手筆，如〈預購讀者的鼓勵〉、〈小黑黑〉、〈《窩抱報》與愛動物〉、〈新周楚除三害——傲慢、自卑與自我〉等，也發揮了她隨手一筆的畫畫興趣。最後，感謝這過去十年願意這樣投入撰文的「自己」，這十年點點滴滴歷歷在目，堅持雖然辛苦卻充滿收穫。

社會越亂，越是顯得人人都需要愛心

我在部落格首頁是這樣寫的：「這是資訊爆炸、人心惶惶的年代，長期以職位高、收入佳被視為成功者。但天災人禍越來越頻繁，我們不禁問自己，這是我們要的社會嗎？做事如果可以憑著『愛心』，讓心的溫度回溫，你來我往更自在。」現在的資訊多，成為判斷什麼才是對的、什麼才是錯困難的主要原因，「禪」是認識「愛心」便捷的方式，從定與靜的狀態中，透徹複雜資訊之中「真理」應該是如何。

雖然現在的社會亂、資訊複雜，如這本書第八十四篇文章所言「在越黑暗的地方越能看到光明」，這本書出版的第一步，便是獻給對環境變異有深刻感觸的你我，因為我們有著共同的語言：「社會越亂，越是顯得人人都需要愛心。」

越是前進越顯不足

這次出書的最大心得，就是當越是前進，越顯自己的不足，越顯自己還需要學習的地方很多。目前寫作最大的課題，就是接地氣與見真性。

作家寫作第一個課題，就是要學會接地氣，這對我來說不是件簡單的事情，因為我的個性不喜浮誇、不賣弄玄虛。我在幾篇熱門的網路投書吸引了許多讀者分享與回應，但是筆戰與辯論確實不是我所樂見。常有人說「真理越辯越明」，我的信念則是「真理是不辯自明」，每個人都要找到與內在自己對話的方式，才能找到真理。比起辯論，我反倒希望找到更多志同道合的朋友一起為理想共同努力。

至於第二個課題，這段日子我也一直在打書的過程當中，認識內在想要呈現的自己——樸實、深度與格局。作為一個標榜「愛心」的作家，接地氣外還必須要能夠觸及真性，不然一切的努力都是白工。《達摩祖師血脈論》中提及：「若不見性，念佛誦經持齋持戒亦無益處。」撰文這十年來，我也提醒自己要對靈性上面的探究越來越深入，才能夠給讀者更直接的幫助。

謝謝您願意用行動支持《阿寶愛心獨賣》新書，也願意閱讀到最後，這一步對於我來說是個人生志業的開始，未來的「百億郵輪」，也需要您一同努力唷！加油加油！

阿寶 JH Wei　於台北　二〇一七年九月十五日

ABAO
〔愛心你我他-070〕愛心，就是追求夢想的時候心無旁騖。 #順境的時候沒有什麼好驕傲 #逆境的時候沒有什麼好困擾 #順境感恩逆境懺悔 #否定過去的成功因可有更大的成就 #否定過去的失敗因為成功是從失敗中站起
〔愛心你我他-025〕愛心，就是投入理想時，不因為前面的阻攔而輕言放棄。

穿插在書中的此八頁篇幅：「預購讀者的鼓勵」與「愛心，一步一腳印」互相呼應著。

「預購讀者的鼓勵」是在預購問卷中，特別請讀者們留給我的話，每一份的支持對阿寶來說都很珍貴，也都是分享愛心獨賣的動力來源。而「愛心，一步一腳印」是因應新書預購，從七月廿日開始於粉絲團推出的一天一詞句系列文，簡短但都是當時對愛心的感觸與心得，可以說是呼應這本書從無到問世的過程，可以說是紮紮實實的一步一腳印。

阿寶愛心獨賣 ： 拾年佰篇仟字精選輯 / 魏建豪作. -- 初版. -- [彰化縣二水鄉] ： 阿寶愛心獨賣, 2017.12 面 ; 公分

ISBN 978-986-95783-0-1(平裝)

1.言論集

078 106021928

書名：《阿寶愛心獨賣
——拾年佰篇仟字精選輯》

作者：魏建豪

編輯校對：吳菡

創意插圖：Dory

設計排版：魏建豪

出版發行：阿寶愛心獨賣
https://www.facebook.com/babywey/

作者回饋信箱：jhwei527@gmail

定價：500 元

ISBN：978-986-95783-0-1

初版一刷：2017/12/5